Übungsbuch mit Audios online

A1 Deutsch echt einfach

für Jugendliche

von
Giorgio Motta

bearbeitet von
E. Danuta Machowiak
Silvia Dahmen (Phonetik)
Jan Szurmant (Landeskunde, Zwischenstopps)
Beata Ćwikowska (Videostationen)

Ernst Klett Sprachen
Stuttgart

Verwendete Symbole

> HÖREN ▶ 12 — Titelnummer der Aufnahme
Dateien verfügbar unter: www.klett-sprachen.de/deutsch-echt-einfach-online

B 9 Bilde Sätze. — Übungen zum passenden Teil der Lektion im Kursbuch

1. Auflage 1 5 4 3 2 1 | 2020 19 18 17 16

Alle Drucke dieser Auflage sind unverändert und können im Unterricht nebeneinander verwendet werden. Die letzte Zahl bezeichnet das Jahr des Druckes.

Giorgio Motta
bearbeitet von E. Danuta Machowiak, Silvia Dahmen (Phonetik),
Jan Szurmant (Landeskunde, Zwischenstopps), Beata Ćwikowska (Videostationen)

Deutsch echt einfach
Internationale Ausgabe:

Internetadresse: www.klett-sprachen.de

Redaktion: Beata Ćwikowska, Michael Krumm (MK Lektorat)
Beratung: Virginia Gil, Seniz Sutcu
Layoutkonzeption: grundmanngestaltung, Karlsruhe
Gestaltung und Satz: grundmanngestaltung, Karlsruhe
Umschlaggestaltung: Annette Siegel
Illustrationen: Monika Fucini, Turin
Reproduktion: Meyle + Müller GmbH + Co. KG, Pforzheim
Druck und Bindung: DRUCKEREI PLENK GmbH & Co. KG, Berchtesgaden
Printed in Germany

ISBN 978-3-12-676521-3

9 783126 765213

Inhaltsverzeichnis

Lektion 1

HALLO! WIE GEHT'S?

A 1 Ergänze die Begrüßungen.

1. G ___ ___ en Tag! **2.** ___ ___ üß dich! **3.** ___ allo! **4.** Willk ___ ___ ___ ___ n! **5.** T ___ ___ !

2 Was passt zusammen? Ordne zu.

1. ___ Wie heißt du?
2. ___ Wer bist du?
3. ___ Wer ist das?

a. Das ist Herr Schröder.
b. Ich heiße Anna.
c. Ich bin Fabian.

3 Kennst du die Personen? Wer ist das?

1

2

3

4

5

Das ist Herr Schröder, der Deutschlehrer.

4 Wie heißen die Personen?

Tim • Nele • Andreas • Simone • Jasmin • Matthias • Uwe • Kim

S

M

K

T

A

N

U

J

Namen für Mädchen:

Namen für Jungen:

5 *Frau* oder *Herr*? Ergänze.

Becker

Stein

Lange

und Weber

6 Welche Zahl hörst du? Kreuze an. > HÖREN ▶ 1

1.	2.	3.	4.	5.
a. ☐ 12	a. ☐ 1	a. ☐ 4	a. ☐ 5	a. ☐ 11
b. ☐ 2	b. ☐ 10	b. ☐ 7	b. ☐ 9	b. ☐ 6
c. ☐ 3	c. ☐ 8	c. ☐ 10	c. ☐ 3	c. ☐ 8

7 Schreib die Zahlen.

1. sieben ______
2. drei ______
3. neun ______
4. vier ______
5. zehn ______
6. sechs ______
7. elf ______
8. zwei ______
9. zwölf ______
10. eins ______
11. fünf ______
12. acht ______

8 Ergänze die Reihe.

	2	3	4				8	9		11	
______	zwei	drei	vier	______	______	______	acht	neun	______	elf	______

9 Was ist korrekt? Kreuze an.

1.	2.	3.	4.
a. ☐ zen	a. ☐ vier	a. ☐ seks	a. ☐ nuen
b. ☐ zhen	b. ☐ vir	b. ☐ sechs	b. ☐ noin
c. ☐ zehn	c. ☐ viert	c. ☐ zeks	c. ☐ neun

B 10 Was ist korrekt? Kreuze an.

1.	2.	3.	4.
a. ☐ Wie ghet's?	a. ☐ Schlecht.	a. ☐ Sher gut.	a. ☐ Es geht.
b. ☐ Wi geht's?	b. ☐ Sclecht.	b. ☐ Sehr goot.	b. ☐ Es get.
c. ☐ Wie geht's?	c. ☐ Schlekt.	c. ☐ Sehr gut.	c. ☐ Es ghet.

11 Wie geht's? Antworte.

1 ______

2 ______

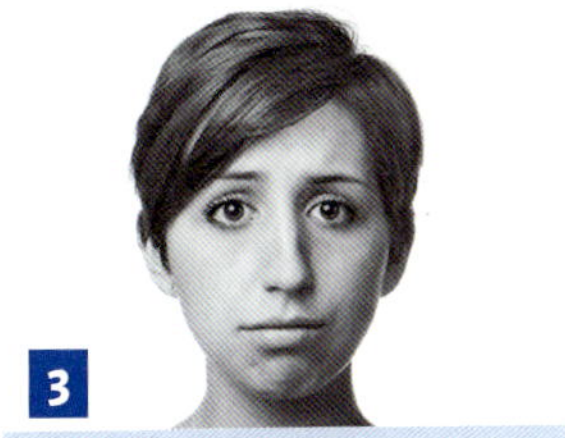

3 ______

4 ______

12 Was antworten sie? Hör zu und ergänze. > HÖREN ▶ 2

1

- Hallo, Maja! Wie geht's dir?
- Danke, ______

2

- Guten Tag, Herr Bohlen. Wie geht's?
- Tag, Frau Moltke, ______
  Es geht mir gut.

3

- Hi, Marcus, wie geht's?
- Hallo, Melanie, danke, ______

4

- Wie geht's, Stefan?
- ______ ! Und wie geht es dir?
- ______

13 Antworte.

1. • Hallo, bist du Fabian? (Mesut) • Nein,
2. • Servus, heißt du Helen? (Lena) • Nein,
3. • Herr Raabe? (Herr Korb) • Nein,
4. • Frau Moltke? (Frau Braun) • Nein,

14 Was passt zusammen? Ordne zu.

1. Wie heißt du?
2. Bist du Stefan?
3. Heißt du Tina?
4. Hallo! Wer bist du?
5. Tag! Bist du Markus?

a. Nein, ich bin Markus.
b. Ich bin Lisa.
c. Nein, ich heiße Karin.
d. Ja, ich bin Markus.
e. Ich heiße Jakob.

15 ***Heißt*** oder ***heiße***? ***Bist*** oder ***bin***? Ergänze.

1. • du Michael?
   • Ja, ich Michael. Und wie du?
   • Ich Markus.

2. • Wer du? du Sophie?
   • Nein, ich Lea.

3. • Ich Martina. du auch Martina?
   • Nein, ich Martha.

16 Stell die Fragen.

1. • ______________________ ? ● Ich bin Maria.
2. • ______________________ ? ● Ich heiße Max Huber.
3. • ______________________ ? ● Gut, danke!
4. • ______________________ ? ● Meine Handynummer ist: 0178 4218726.
5. • ______________________ ? ● Das ist Herr Schröder.

17 Übersetze.

1. Ich bin Frau Braun. ______________________
2. Wie heißt du? ______________________
3. Das ist Mesut. ______________________
4. Grüß dich, Hanna! ______________________
5. Willkommen in der Klasse 9A! ______________________
6. Ich bin Deutschlehrer. ______________________

18 Hör zu und notiere die Handynummern. > HÖREN ▶ 3

1. Die Handynummer von Frau Schmidt ist: ______________________
2. Die Handynummer von Lukas ist: ______________________
3. Die Handynummer von Stefanie ist: ______________________
4. Die Handynummer von Jan ist: ______________________

C 19 *Der, die* oder *das*? Ergänze.

1.	___ Kamera	5.	___ Buch	9.	___ Tablet
2.	___ Laptop	6.	___ Lunchbox	10.	___ Handy
3.	___ Trinkflasche	7.	___ Kuli	11.	___ Rucksack
4.	___ USB-Stick	8.	___ Heft	12.	___ Maus

20 *Ein* oder *eine*? Ergänze.

1.	___ Lunchbox	5.	___ Maus	9.	___ Buch
2.	___ Kuli	6.	___ Tablet	10.	___ USB-Stick
3.	___ Rucksack	7.	___ Kamera	11.	___ Trinkflasche
4.	___ Laptop	8.	___ Heft	12.	___ Handy

21 Finde 10 Wörter.

A	U	S	B	-	S	T	I	C	K	I	J
B	C	D	E	F	G	H	O	N	M	L	K
T	R	I	N	K	F	L	A	S	C	H	E
A	P	R	S	U	T	U	W	Y	X	Z	A
B	U	C	H	L	E	N	O	S	L	E	Z
L	B	C	A	I	F	C	H	I	A	K	O
E	W	I	N	M	N	H	E	F	P	A	P
T	E	A	D	S	Z	B	K	M	T	M	S
O	S	O	Y	N	E	O	W	A	O	E	M
C	X	C	V	K	J	X	F	R	P	R	A
P	U	J	W	E	A	L	I	H	L	A	U
K	O	R	U	C	K	S	A	C	K	X	S

1. ___
2. ___
3. ___
4. ___
5. ___
6. ___
7. ___
8. ___
9. ___
10. ___

22 Was ist das? Ergänze die Buchstaben.

1. TRI _ _ FLA _ _ _ E
2. RU _ _ SA _ _
3. B _ _ H
4. _ AM _ _ A
5. K _ L _
6. T _ _ L _ T

23 Bilde Sätze.

1. rot / Lunchbox / die / ist
2. das / ist / weiß / Handy
3. ist / Maus / die / grau
4. Rucksack / blau / ist / der
5. braun / das / Buch / ist
6. die / gelb / Trinkflasche / ist

24 Übersetze.

1. silbern
2. violett
3. weiß
4. grün
5. blau
6. schwarz
7. rot
8. rosa
9. grau
10. gelb
11. orange
12. braun

25 Welche Farben sind das? Ordne die Buchstaben.

1. AUGR
2. ERNSILB
3. TOR
4. WARZSCH
5. ÜGRN
6. ASOR
7. BELG
8. GERANO

26 *Mein(e)* oder *dein(e)*? Ergänze.

1. Mein Handy und *dein* Handy.
2. *Meine* Kamera und ______ Kamera.
3. ______ USB-Stick und mein USB-Stick.
4. ______ Buch und mein Buch.
5. Dein Kuli und ______ Kuli.
6. ______ Trinkflasche und ______ Trinkflasche.

27 Antworte.

1. • Mein Handy ist rosa. Wie ist dein Handy?
   • ______
2. • Meine Maus ist rot. Wie ist deine Maus?
   • ______
3. • Mein Tablet ist schwarz. Wie ist dein Tablet?
   • ______
4. • Meine Lunchbox ist blau. Wie ist deine Lunchbox?
   • ______
5. • Mein Kuli ist silbern. Wie ist dein Kuli?
   • ______
6. • Mein Buch ist bunt. Wie ist dein Buch?
   • ______
7. • Meine Kamera ist grün. Wie ist deine Kamera?
   • ______
8. • Mein Heft ist gelb. Wie ist dein Heft?
   • ______

28 Welche Antwort passt? Kreuze an.

1. Hallo, Julia!
   a. ☐ Guten Tag, Frau Krause.
   b. ☐ Auf Wiedersehen, Frau Krause.
2. Grüß dich, Stefan!
   a. ☐ Tschüs, Hanna!
   b. ☐ Hallo, Hanna!
3. Willkommen, Herr und Frau Kranz!
   a. ☐ Guten Tag.
   b. ☐ Tschüs, Herr Kranz!
4. Auf Wiedersehen, Frau Koschke!
   a. ☐ Tschüs, Anton!
   b. ☐ Grüß dich, Anton!
5. Tag, Fabian!
   a. ☐ Bis bald, Steffi!
   b. ☐ Grüß dich, Steffi!
6. Bis dann, Martin!
   a. ☐ Auf Wiedersehen, Herr Boll.
   b. ☐ Guten Tag, Herr Boll.

Wörtertraining

1 Grüße. Ordne zu.

Hallo! • Hi! • Tag! • Tschüs! • Guten Tag! • Servus! • Grüß dich! • Bis bald! • Willkommen! • Auf Wiedersehen! • Servus!

Begrüßung	Verabschiedung

2 Ergänze die SMS.

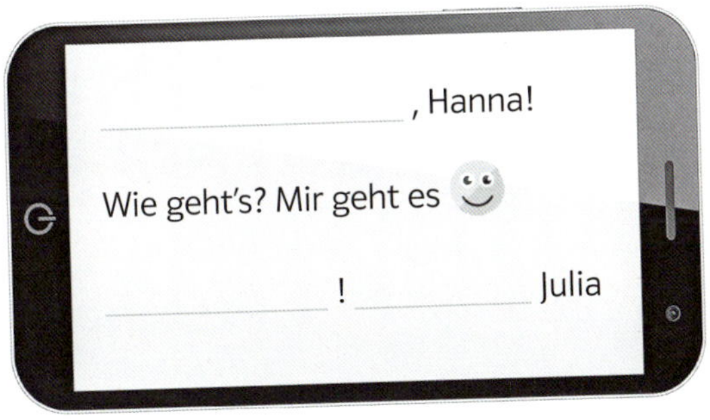

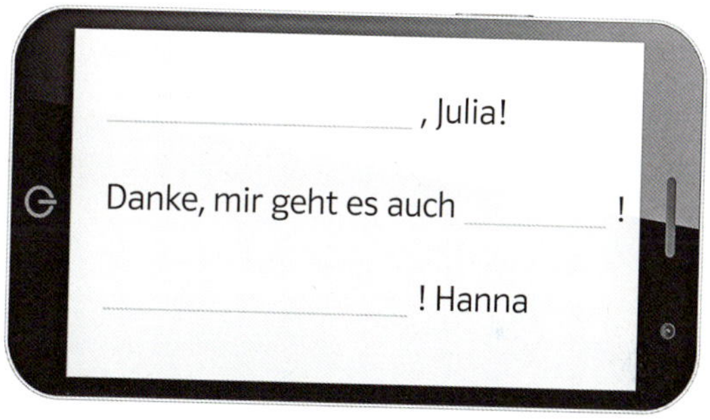

3 Was ist blau? Was ist …? Finde Beispiele im Wörterbuch.

1. ______ ist schwarz.

2. ______ ist rosa.

3. ______ ist gelb.

4. ______ ist braun.

5. ______ ist grün.

6. ______ ist blau.

7. ______ ist rot.

8. ______ ist schwarz-weiß.

4 Kennst du die Farben? Übersetze.

1. dunkelblau ______

2. hellbraun ______

3. dunkelgrün ______

4. hellblau ______

Lektion 2

MEINE FREUNDE UND BEKANNTEN

A 1 Was passt zusammen? Ordne zu.

1. Wie geht es Ihnen?
2. Bist du Max?
3. Wie alt bist du?
4. Wo wohnst du?
5. Heißt du Anne?
6. Hallo! Wer bist du?

a. Nein, ich heiße Nina.
b. In der Hauptstraße 87.
c. Danke, sehr gut!
d. Ich bin Maria.
e. Nein, ich bin Daniel.
f. Ich bin 14.

2 Bilde Sätze.

1. Lukas / bin / ich
2. Ihnen / geht / es / wie / ?
3. du / Hanna / alt / wie / bist / ?
4. es / sehr gut / mir / geht
5. wohne / in der / ich / Parkstraße
6. wie / dir / es / geht / ?

3 Wie geht es dir? Antworte.

1. Es geht

2. Es geht

3. Es geht

4 Wie geht es …? Ergänze.

1. Frau Richter geht es
2. Lea geht es
3. Herrn Bauer geht es
4. Johanna geht es
5. Felix geht es
6. Herrn Fuchs geht es

5 Welcher Satz passt? Ordne zu.

A. Wie geht es dir? • **B.** Wie geht es Ihnen?

1. Guten Tag, Herr Beckmann.
2. Tag, Frau Stein.
3. Hallo, Petra.
4. Guten Tag, Frau Meier.
5. Guten Morgen, Herr Direktor.
6. Grüß dich, Fabian.

6 Welche Zahl ist das?

achtundzwanzig **dreiundzwanzig** **fünfzehn** — 15
siebzehn **null** **achtzehn** **neunundzwanzig** **neunzehn** **zwanzig** **sechzehn**

20 **29** **19** **23** **15** **18** **16** **17** **28** **0**

7 Schreib die Zahlen in Buchstaben.

18

16

29

32

17

28

20

0

15

19

8 Welche Zahl ist das?

siebenunddreißig ______

einhundertelf ______

fünfzig ______

dreiundvierzig ______

vierundachtzig ______

zweiundzwanzig ______

sechsundsechzig ______

achtundachtzig ______

zweihundertzwanzig ______

dreihundertzwei ______

9 Welche Zahl hörst du? Kreuze an. > HÖREN 4

1. a.	12	**2. a.**	13	**3. a.**	14	**4. a.**	15
b.	20	**b.**	30	**b.**	40	**b.**	50
c.	22	**c.**	33	**c.**	44	**c.**	55
5. a.	16	**6. a.**	17	**7. a.**	18	**8. a.**	19
b.	60	**b.**	70	**b.**	80	**b.**	90
c.	66	**c.**	77	**c.**	88	**c.**	99

10 Ergänze: *-zehn* oder *-zig*?

13 drei ______ **15** fünf ______ **90** neun ______ **60** sech ______

50 fünf ______ **17** sieb ______ **17** sieb ______ **16** sech ______

11 Was kostet das? Hör zu und kreuze an. > HÖREN 5

Situation 1:	€ 4,30	€ 34,00	€ 3,40
Situation 2:	€ 23,00	€ 32,00	€ 30,20
Situation 3:	€ 50,50	€ 15,50	€ 55,00
Situation 4:	€ 72,00	€ 27,00	€ 7,20
Situation 5:	€ 60,00	€ 16,60	€ 66,00

12 Wie viel ist das?

1. 3 + 19 = ______
2. 40 − 11 = ______
3. 52 × 2 = ______
4. 7 × 8 = ______
5. 75 : 3 = ______
6. 99 + 10 = ______
7. 30 + 36 = ______
8. 50 − 2 = ______

sechsundfünfzig
einhundertneun
zweiundzwanzig
sechsundsechzig
fünfundzwanzig
neunundzwanzig
einhundertvier
achtundvierzig

13 Zahlendiktat. Hör zu und notiere die Zahlen. > HÖREN ▶ 6

______

______

14 Wie viel macht das zusammen?

1. Ein Heft kostet 2,50 € und ein Buch kostet 28,50 €.

   Das macht zusammen: *einunddreißig* Euro.

2. Ein Kuli kostet 2,30 € und ein USB-Stick kostet 16,80 €.

   Das macht zusammen: ______ Euro.

3. Eine Lunchbox kostet 3,70 € und eine Trinkflasche kostet 6,40 €.

   Das macht zusammen: ______ Euro.

4. Eine Maus kostet 8,99 € und ein Laptop 399,00 €.

   Das macht zusammen: ______ Euro.

5. Eine Kamera kostet 134,99 € und ein Tablet kostet 59,99 €.

   Das macht zusammen: ______ Euro.

15 Wie ist die Handynummer von Thomas? Hör zu und notiere. > HÖREN ▶ 7

16 Wo wohnen die Personen? Ergänze die Sätze.

Anna	Uferstraße 25
Felix	Kirchenstraße 78
Herr Kranz	Goldstraße 32
Lenka	Hafenstraße 12
Frau Kuhn	Kaiserstraße 156

1. Anna wohnt in Hamburg. Die Adresse von Anna ist:

2. Felix kommt aus Wien. Die Adresse von Felix ist:

3. Herr Kranz wohnt in Dresden. Die Adresse von Herrn Kranz ist:

4. Lenka kommt aus Prag. Die Adresse von Lenka ist:

5. Frau Kuhn wohnt in Berlin. Die Adresse von Frau Kuhn ist:

B 17 *Er* oder *sie*? Ordne zu.

er:

sie:

18 Ergänze die Tabelle.

	wohnen	kommen	heißen	spielen
ich		komme	heiße	
du	wohnst			
er, sie				spielt

19 *Wo* oder *woher*? Stell die Frage.

1. Ich wohne **in Frankfurt**. Wo wohnst du?
2. Franz kommt **aus Österreich**.
3. Tina wohnt **in Berlin**.
4. Herr Johnson kommt **aus Amerika**.
5. Frau Braun wohnt **in Hamburg**.
6. Ich komme **aus Italien**.

20 Woher kommen die Jugendlichen? Ergänze die Sätze.

1. Lenka kommt ______, sie wohnt in Prag.
2. Sven kommt ______, er wohnt in Stockholm.
3. Bianka kommt ______, sie wohnt in Wien.
4. Adam kommt ______, er wohnt in Warschau.
5. Lukas kommt ______, er wohnt in Berlin.
6. Marina kommt ______, sie wohnt in Moskau.

Woher kommen deine Facebook-Freunde?

Wo wohnen sie?

21 Stell die Leute vor.

Name	Felix	Anna	Herr Kohl	Frau Roth	Leon
Alter	14	19	39	46	12
Wohnort	München	Köln	Stuttgart	Hamburg	Salzburg
Hobby(s)	Fußball spielen	reisen	Klarinette spielen	Aerobic machen chatten	Rap hören bloggen

Das ist Felix. Er ist vierzehn und wohnt in München. Er spielt gern Fußball.

C 22 Was machen die Jugendlichen? Hör zu und kreuze an. > HÖREN ▶ 8

	Stefan	Martha	Lukas
Rad fahren	☐	☐	☐
Videogames spielen	☐	☐	☐
schwimmen	☐	☐	☐
Fußball spielen	☐	☐	☐
Flöte spielen	☐	☐	☐
Tennis spielen	☐	☐	☐

23 Ergänze die Endungen.

1. • Ich spiel ___ Klarinette. Und du?
   • Ich spiel ___ Gitarre.
2. • Wo wohn ___ Peter?
   • Er wohn ___ in Berlin.
3. • Hör ___ du gern Musik?
   • Ja, ich hör ___ gern Rock und Rap.
4. • Jogg ___ du gern?
   • Nein, ich schwimm ___ gern.
5. • Surf ___ du gern im Internet?
   • Ja, ich surf ___ sehr gern im Internet.
6. • Wie heiß ___ dein Deutschlehrer?
   • Er heiß ___ Müller.
7. • Wo arbeit ___ Sebastian?
   • Er arbeit ___ bei der Bank.
8. • Wer komm ___ aus Dresden?
   • Karin Weber komm ___ aus Dresden.
9. • Studier ___ Karin Medizin?
   • Nein, sie studier ___ Architektur.
10. • Was mach ___ Sebastian gern?
    • Er geh ___ joggen.

24 Lies die E-Mail und antworte.

von Melanie
Betreff Hallo!

Hallo!
Ich heiße Melanie. Ich bin 14 Jahre alt und wohne in Augsburg. Meine Hobbys: Musik, Inlineskaten und Rap. Und du? Wie alt bist du? Wo wohnst du? Was machst du gern?

von ___ **an** Melanie
Betreff ___

Hallo, Melanie, ich antworte dir gern.

___

___

___

___

___

25 Schreib Texte über Peter, Anna, Sonja und Georg.

Peter

- 14
- Dresden
- Deutschland
- Kaiserstraße 14
- Autos, Golf spielen

Peter ist 14 Jahre alt und wohnt in Dresden.

Dresden liegt in Deutschland.

Peter wohnt in der Kaiserstraße 14.

Er mag Autos und spielt gern Golf.

Anna

- 15
- Kraków
- Polen
- Königstraße 8
- Mode, Computerspiele

Sonja

- 14
- Katzen, joggen
- Hamburg
- Deutschland
- Hafenstraße 9

Georg

- 14
- Sofia
- Bulgarien
- Sport, Deutsch lernen
- Parkstraße 12

26 Antworte.

Wie heißt dein Freund / deine Freundin?

Wo wohnt er / sie?

Wie alt ist er / sie?

Was macht er / sie gern?

Wörtertraining

1 Was magst du (nicht)? Antworte.

Comics • Pferde • Bücher • Fußball • Musik • Schach • Aerobic • Internet • Jogging • Mozart • Computerspiele • Rap • Rock • Mathematik • Deutsch • …

Ich mag ______

Ich mag ______ nicht.

2 Ergänze die Lücken.

spiele • sind • mag • zeichnen • heiße • komme

Ich ______ Maria und bin 14 Jahre alt. Ich ______ aus Italien, aber ich wohne jetzt in Deutschland, in Berlin. Meine besten Freunde Kai, Sandra und Stefan wohnen auch in Berlin. Ich mag meine Freunde sehr. Ich ______ auch Frau Schröder, sie ist meine Englischlehrerin. Meine Hobbys ______ im Internet surfen und Comics ______. Ich chatte gern mit Kai, Sandra und Stefan. Ich mag auch Sport, ich ______ gern Basketball und mache Aerobic.

3 Übersetze die Straßennamen.

Was bedeuten diese Wörter?
Finde sie im Wörterbuch.

das Ufer ______ der Hafen ______

der Kaiser ______ das Gold ______

1. Uferstraße ______
2. Kaiserstraße ______
3. Hafenstraße ______
4. Goldstraße ______

Lektion 3 WAS MACHT IHR HEUTE NACHMITTAG?

A 1 Was passt zusammen? Ordne zu.

1. ☐ Um wie viel Uhr spielt ihr?
2. ☐ Was macht ihr heute?
3. ☐ Kommt ihr mit?

a. Ja, gern.
b. Wir beginnen um 15.00 Uhr.
c. Wir gehen Fußball spielen.

2 Aktivitäten. Was passt zusammen? Ordne zu.

Deutsch, im Internet, Musik, Volleyball, Videogames, ins Kino, Rad, shoppen

spielen, **surfen**, **gehen**, **fahren**, **gehen**, **hören**, **lernen**, **spielen**

ins Kino gehen, ______________________________

____

3 Bilde Sätze mit den Verben und Wörtern aus 2.

1. Wir *gehen* heute Nachmittag *ins Kino.*
2. Ihr ______ heute Nachmittag ______
3. Max und Leon ______ heute Nachmittag ______
4. Frau Müller ______ heute Nachmittag ______
5. Du ______ heute Nachmittag ______
6. Alina ______ heute Nachmittag ______
7. Wir ______ heute Nachmittag ______
8. Ich ______ heute Nachmittag ______

Lektion 3

4 Ergänze die Tabelle.

	wohnen	spielen	gehen	kommen	surfen
ich					
du					
er, sie					
wir					
ihr					
sie, Sie	wohnen	spielen	gehen	kommen	surfen

5 Bilde Sätze.

1. ihr / heute / **Was** / macht / Nachmittag / ? — Was
2. Fußball / gehen / spielen / **Wir** / heute
3. **Um** / spielt / Uhr / ihr / wie viel / ?
4. **Gehst** / shoppen / heute / du / ?
5. Deutsch / heute / lernen / **Wir** / Nachmittag
6. **Um** / hörst / wie viel / Musik / du / Uhr / ?
7. **Marianne** / im Internet / surft / heute

6 Bilde W-Fragen.

Was? • Um wie viel Uhr? • Wo? • Wohin? • Wer?

1. • ______ ? ○ Ich fahre heute Rad.
2. • ______ ? ○ Leon geht ins Kino.
3. • ______ ? ○ Wir spielen um 15.00 Uhr.
4. • ______ ? ○ Inge und Ivo.
5. • ______ ? ○ Wir machen Musik im Club.

7 Bilde Fragen.

1. • Kommt ihr mit? — • Nein, wir kommen nicht mit.
2. • ? — • Ja, wir gehen heute shoppen.
3. • ? — • Ja, wir spielen um 15.00 Uhr Handball.
4. • ? — • Ja, wir gehen zusammen ins Kino.
5. • ? — • Nein, wir lernen heute Deutsch.

8 Ergänze die Endungen.

1. Wir lern ___ heute alle zusammen Mathe.
2. Max spiel ___ heute Fußball.
3. Was mach ___ ihr heute Abend? Geh ___ ihr ins Kino?
4. Ich geh ___ joggen. Komm ___ du mit?
5. Spiel ___ ihr zusammen in einer Band?
6. Wann mach ___ ihr Hausaufgaben?
7. Markus, surf ___ du heute im Internet?

B 9 Wie spät ist es? Ordne zu.

1. ___	6.10	a. Viertel nach sechs
2. ___	15.45	b. zehn nach sechs
3. ___	12.30	c. fünf vor halb zwei
4. ___	6.35	d. halb eins
5. ___	9.30	e. fünf vor fünf
6. ___	18.15	f. Viertel vor vier
7. ___	16.55	g. fünf nach halb sieben
8. ___	13.25	h. halb zehn

10 Schreib die Uhrzeiten wie im Beispiel.

1. 19.30 *Es ist neunzehn Uhr dreißig. / Es ist halb acht.*
2. 14.45
3. 20.10
4. 18.40
5. 15.25
6. 13.35
7. 17.15
8. 16.50

11 Wie spät ist es? Hör zu und kreuze an. > HÖREN ▶ 9

Situation 1:	☐ 8.30	☐ 9.30
Situation 2:	☐ 14.10	☐ 13.50
Situation 3:	☐ 12.05	☐ 11.55
Situation 4:	☐ 6.45	☐ 7.15
Situation 5:	☐ 10.25	☐ 10.35

12 Wie spät ist es? Schreib die Uhrzeiten.

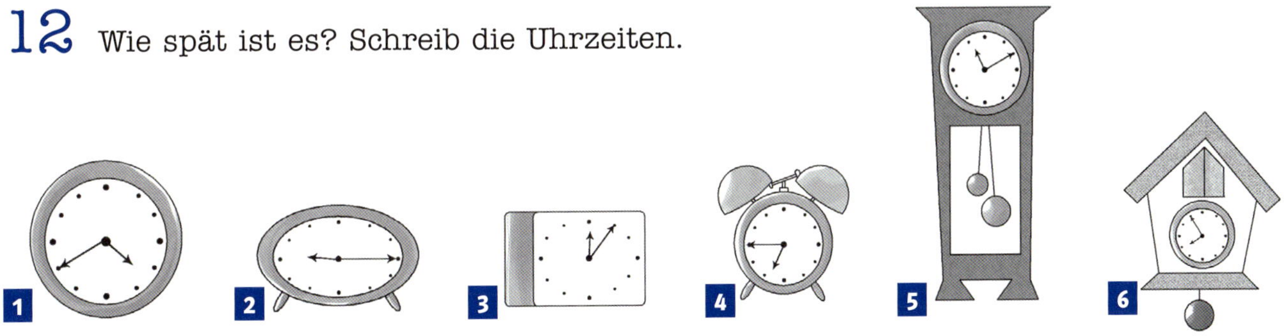

1.
2.
3.
4.
5.
6. *Es ist fünf vor acht.*

13 Ergänze die Antworten.

1. • Wann macht ihr Hausaufgaben? (16.15) — • Um *Viertel nach vier.*
2. • Wann lernt ihr Mathe? (12.30) — • Um ______
3. • Wann geht ihr joggen? (18.45) — • Um ______
4. • Wann beginnt die Schule? (8.10) — • Um ______
5. • Wann ist Pause? (10.40) — • Um ______
6. • Wann ist die Schule aus? (13.25) — • Um ______
7. • Wann fährt der Bus? (13.50) — • Um ______
8. • Wann geht ihr ins Kino? (20.20) — • Um ______

14 Hör zu und ergänze die Antworten. > HÖREN ▶ 10

1. • Um wie viel Uhr gehst du zur Schule? — • Ich gehe um ______ zur Schule.
2. • Um wie viel Uhr beginnt die Schule? — • Die Schule beginnt um ______
3. • Um wie viel Uhr hast du Deutsch? — • Um ______ habe ich Deutsch.
4. • Um wie viel Uhr machst du Hausaufgaben? — • Ich mache um ______ Hausaufgaben.
5. • Um wie viel Uhr spielst du Videogames? — • Ich spiele um ______ Videogames.
6. • Um wie viel Uhr gehst du schlafen? — • Ich gehe um ______ schlafen.

C 15 Ergänze: ***der, die*** oder ***das***?

1. ______ Tennisclub
2. ______ Park
3. ______ Kino
4. ______ Schwimmbad
5. ______ Eisdiele
6. ______ Jugendzentrum
7. ______ Pizzeria
8. ______ Turnhalle

16 Was passt zusammen? Ordne zu.

Volleyball spielen

joggen

Pizza essen

Tennis spielen

Film sehen

Freunde treffen

schwimmen

Eis essen

- ☐ der Tennisclub
- ☐ die Eisdiele
- ☐ der Park
- ☐ das Jugendzentrum
- ☐ das Kino
- ☐ die Pizzeria
- ☐ das Schwimmbad
- ☐ die Turnhalle

17 Was ist richtig: a, b oder c? Kreuze an.

1. Wir gehen … Kino.
- **a.** ☐ in den
- **b.** ☐ in die
- **c.** ☐ ins

2. Wir gehen … Park.
- **a.** ☐ in den
- **b.** ☐ in die
- **c.** ☐ ins

3. Wir gehen … Jugendzentrum.
- **a.** ☐ in den
- **b.** ☐ in die
- **c.** ☐ ins

4. Wir gehen … Turnhalle.
- **a.** ☐ in den
- **b.** ☐ in die
- **c.** ☐ ins

5. Wir gehen … Tennisclub.
- **a.** ☐ in den
- **b.** ☐ in die
- **c.** ☐ ins

6. Wir gehen … Pizzeria.
- **a.** ☐ in den
- **b.** ☐ in die
- **c.** ☐ ins

7. Wir gehen … Schwimmbad.
- **a.** ☐ in den
- **b.** ☐ in die
- **c.** ☐ ins

8. Wir gehen … Eisdiele.
- **a.** ☐ in den
- **b.** ☐ in die
- **c.** ☐ ins

Wohin gehst du gern?

18 *Wo*, *wohin* oder *woher*? Stell die Frage.

1. Herr Böhm arbeitet **in Frankfurt**. *Wo arbeitet Herr Böhm?*
2. Timo geht heute **ins Kino**.
3. Max kommt **aus Berlin**.
4. Lara geht heute **in den Park**.
5. Karin studiert **in Berlin**.
6. Laura kommt **aus Rom.**

19 Bilde Sätze.

1. **Wir** / in / Pizzeria / heute Abend / gehen / die *Wir*
2. **Frau Stein** / den / heute / in / Park / geht
3. gehe / ins / **Ich** / heute Abend / Kino
4. ihr / in / **Kommt** / Eisdiele / die / um 19.00 Uhr / ?
5. Timo / geht / heute Abend / **Wohin** / ?
6. **Gehst** / heute / du / Schwimmbad / ins / ?
7. **Wir** / Jugendzentrum / gehen / ins / heute Nachmittag

20 Formuliere die Fragen an Frau Fuchs.

Fragen an Anne:	Fragen an Frau Fuchs:
1. Bist du aus Italien?	*Sind Sie aus Italien?*
2. Spielst du Tennis?	
3. Wohnst du in Berlin?	
4. Kommst du aus Leipzig?	
5. Gehst du ins Kino?	
6. Arbeitest du in Frankfurt?	
7. Fährst du gern Rad?	

21 Formuliere die Fragen.

- • _______________________________________? ◦ Aus Düsseldorf.
- • _______________________________________? ◦ Nein, ich wohne in Stuttgart.
- • _______________________________________? ◦ Ich arbeite in Stuttgart.
- • _______________________________________? ◦ Ja, ich bin verheiratet.
- • _______________________________________? ◦ Ja, ich bin Sportlehrerin.
- • _______________________________________? ◦ Nein, aber ich gehe jeden Tag joggen.

22 Schreib die Fragen. Dann hör zu und kontrolliere. > HÖREN ▶ 11

1. • _______________________________?
   ◦ Ich heiße Franz Weiß.
2. • _______________________________?
   ◦ Ich bin Manager.
3. • _______________________________?
   ◦ In Hanau. Das liegt bei Frankfurt.
4. • _______________________________?
   ◦ Nein, ich bin Single.
5. • _______________________________?
   ◦ Ich treibe Sport und höre Musik.
6. • _______________________________?
   ◦ Ich bin 39.

23 Ergänze die Endungen.

1. Wir geh ___ alle zusammen ins Kino.
2. Timo und Tina spiel ___ jeden Tag Tennis.
3. Frau Stein, wo wohn ___ Sie?
4. Max und Alex lern ___ heute Nachmittag Deutsch zusammen.
5. Wohin geh ___ du heute Abend?
6. Was mach ___ ihr im Jugendzentrum?
7. Meine Freunde komm ___ aus Berlin.
8. Herr Müller, wo arbeit ___ Sie?
9. Um wie viel Uhr mach ___ du heute Hausaufgaben?
10. Herr Direktor, geh ___ Sie oft Tennis spielen?

24 Ergänze die Sätze wie im Beispiel.

1. Ich komme aus Deutschland.
   Mario *kommt aus Deutschland.*
   Mario und Lukas ___
2. Ich spiele Tennis.
   Tina ___
   Meine Freunde ___
3. Ich arbeite als Manager.
   Herr Weiß ___
   Sie (Plural) ___
4. Ich fahre gern Rad.
   Mein Bruder ___
   Meine Eltern ___

25 Ergänze den Text.

arbeitet • fährt • hat • unterrichtet • treibt • wohnt • ist

Herr Müller ist Lehrer. Er ___ 27 Jahre alt und ___ Englisch und Deutsch. Er ___ in Berlin, aber er ___ in Potsdam an einem Gymnasium. Jeden Tag ___ er mit dem Zug zur Arbeit. Er ___ vier Klassen und viele Schüler. Am Nachmittag ___ er Sport: Kickboxen und Karate. Super!

Wörtertraining

1 Welche Aktivität passt zu Moni, welche zu Ben? Ergänze.

2 Interview mit Bill Kaulitz. Formuliere die Fragen.

Meine Fragen an Bill Kaulitz:

Was ______________?

Wo ______________?

Um wie viel Uhr ______________?

3 Lies die SMS und ergänze sie.

Hi, Markus! Gehen wir heute ________ Kino? Der Film beginnt ________ 18.30 Uhr.
Thomas

Hallo, Thomas! Ja, gern! Gute ________ !
Treffen wir uns ________ sechs vor dem Kino? Dann haben wir 30 Minuten Zeit.
Wir gehen in ________ Eisdiele. Markus

Lektion 4 ANDERE LÄNDER, ANDERE SPRACHEN

A 1 *Wo* oder *woher*? Stell die Frage.

1. • Ich komme aus Meiningen. ● *Wie bitte? Woher kommst du?*
2. • Ich wohne in Limburg. ● *Wie bitte? Wo* ______
3. • Ich komme aus Krefeld. ● ______
4. • Ich wohne in Furtwangen. ● ______
5. • Ich wohne in Erbach. ● ______

2 *Wo* oder *woher*? Ergänze und antworte.

1. • ______ wohnst du? ● ______
2. • ______ kommt Mesut? ● ______
3. • ______ liegt Innsbruck? ● ______
4. • ______ wohnt Marco? ● ______
5. • ______ kommst du? ● ______

3 *Aus* oder *in*? Ergänze.

1. Ali kommt ______ der Türkei, aber er wohnt ______ Deutschland.
2. Ich komme ______ Hamburg. Und du? Kommst du auch ______ Hamburg?
3. Ich komme ______ Österreich, aber ich wohne ______ England.
4. • Was spricht man ______ Deutschland? ● ______ Deutschland spricht man Deutsch.
5. • Wohnst du ______ Frankfurt? ● Ja, ich wohne hier ______ Frankfurt.

4 Länder und Sprachen. Ordne zu.

1. Russland	a. Japanisch
2. Griechenland	b. Englisch
3. Polen	c. Portugiesisch
4. China	d. Russisch
5. Japan	e. Spanisch
6. Mexiko	f. Griechisch
7. die Türkei	g. Polnisch
8. Australien	h. Türkisch
9. Portugal	i. Chinesisch

5 Wo liegt das? Schreib Sätze.

1

2

3

4

5

6

1. *Das ist Rom. Rom liegt in Italien.*
2.
3.
4.
5.
6.

6 Das Verb *sprechen*. Welche Form passt? Ergänze.

1. Ich komme aus Italien. Ich ______ Italienisch.
2. Daniel ______ perfekt Englisch. Seine Mutter ist aus London.
3. Ich ______ sehr gut Englisch, aber ich ______ kein Wort Französisch.
4. Welche Sprachen ______ du?
5. • ______ du Spanisch? • Nein, ich ______ nur Deutsch.
6. • Was ______ Herr Rodriguez? • Er kommt aus Madrid, er ______ Spanisch.

7 Ergänze die Tabelle.

	kommen	sprechen
ich		
du		
er, sie, es, man		
wir		
ihr		
sie, Sie		

8 Bilde Sätze wie im Beispiel.

In Japan spricht man Japanisch.
Und in deinem Land?

I
In Italien spricht man Italienisch.
Man spricht in Italien Italienisch.

D
______
______

GB
______
______

F
______
______

9 Woher kommen sie? Hör zu und kreuze an. > HÖREN ▶ 12

	John	Elisa	Claire	Julia
Deutschland				
Belgien				
USA				
England				
Schweiz				
Frankreich				
Italien				
Österreich				

10 Hör zu und kreuze an. Dann ergänze die Informationen. > HÖREN ▶ 13

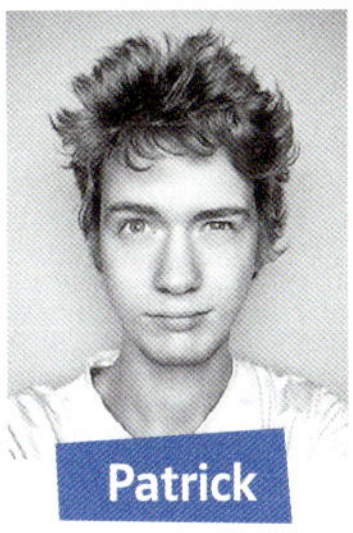

	Sehr gut!	Nicht so gut.	Kein Wort.
Deutsch			
Englisch			
Französisch			
Spanisch			
Italienisch			
Polnisch			

	Sehr gut!	Nicht so gut.	Kein Wort.
Deutsch			
Englisch			
Französisch			
Spanisch			
Italienisch			
Polnisch			

Patrick spricht sehr gut ____________, aber er spricht nicht so gut ____________

Monika ____________

B 11 Welches Land ist das? Ergänze die Buchstaben.

1. _ _ A K _ _ I C _
2. _ S _ E _ _ _ I _ H
3. S _ _ W _ _ Z
4. D _ _ T _ _ H _ _ _ D
5. _ N G _ _ _ D
6. S _ _ _ _ E N
7. T _ _ K _ _
8. G R _ _ _ H _ L _ D

12 Was spricht man wo? Erkenne die Länder und ergänze.

Land:					
Sprache(n):					

13 Woher kommen die Jugendlichen? Schreib Sätze.

Fabio kommt aus Italien. Pierre

14 Bilde Sätze.

1. Deutschland / Herr Füsli / wohnen / in / aus / kommen / aber / er / Schweiz / der

2. Herr Fischer / kommen / Deutschland / aus / aber / Österreich / in / wohnen / er

3. Türkei / Herr Özdemir / aus / kommen / der / Deutschland / er / aber / wohnen / in

4. Spanien / aus / Frau Gonzales / kommen / wohnen / sie / in / aber / Frankreich

5. Frau Mezoued / kommen / wohnen / aus / in / aber / sie / Marokko / Italien

6. Frau Dupont / Frankreich / Schweiz / kommen / wohnen / sie / aber / in / aus / der

15 Stell die Personen vor.

Name	Klaus Weber
Alter	35
Herkunft	München
Wohnort	Berlin
Beruf	Manager
Sprachen	Deutsch, Englisch

Das ist Herr Weber. Er ist 35 Jahre alt. Er kommt

Name	Justine Dupont
Alter	25
Herkunft	Lyon, Frankreich
Wohnort	Genf, die Schweiz
Beruf	PR-Assistentin
Sprachen	Französisch, Italienisch

Name	Ingo
Alter	14
Herkunft	Hamburg
Wohnort	Wien, Österreich
Beruf	Schüler
Sprachen	Deutsch, Englisch

C 16 Nationalitäten. Bilde Sätze wie im Beispiel.

Herr Özdemir (TR) | Herr Müller (D) | Herr Johnson (GB) | Frau Rodriguez (E) | Frau Rossi (I) | Herr Galanis (GR) | Frau Dupont (F) | Frau Gruber (A)

Herr Özdemir kommt aus der Türkei. Er ist Türke.

17 Bilde Sätze wie im Beispiel.

Frau Rossi

Sie wohnt in Italien.

Sie spricht Italienisch.

Frau Gruber

Herr Johnson

Frau Dupont

Herr Özdemir

Herr Galanis

Herr Müller

Frau Rodriguez

18 Ergänze die Sätze.

1. Frau Rossi ______ in Italien.
2. Frau Gruber ______ aus Österreich.
3. Herr Özdemir ______ Türkisch.
4. Herr Galanis ______ Grieche.
5. Herr Johnson ______ aus England.
6. Frau Dupont ______ in Frankreich.
7. Frau Rodriguez ______ Spanisch.
8. Frau Gruber und Herr Müller ______ Deutsch.

19 Engländer oder Engländerin? Kreuze an.

1. Herr Müller ist	☐ Deutsche	☐ Deutscher
2. Frau Dupont ist	☐ Französin	☐ Franzose
3. Herr Gruber ist	☐ Österreicherin	☐ Österreicher
4. Herr Rodriguez ist	☐ Spanier	☐ Spanierin
5. Frau Özdemir ist	☐ Türkin	☐ Türke
6. Frau Galanis ist	☐ Grieche	☐ Griechin

20 Was passt zusammen? Ordne zu.

1. ☐ Wer ist das?	a. Nur ein paar Worte.
2. ☐ Woher kommt Frau Füsli?	b. Italienisch und Deutsch.
3. ☐ Spricht Frau Füsli Italienisch?	c. In Österreich.
4. ☐ Woher kommst du?	d. Das ist Rita Füsli.
5. ☐ Was macht Herr Böhm?	e. Sie kommt aus der Schweiz.
6. ☐ Wohnt Mesut in der Türkei?	f. Er arbeitet in Frankfurt.
7. ☐ Wo liegt Salzburg?	g. Aus Italien.
8. ☐ Welche Sprachen sprichst du?	h. Nein, er wohnt in Deutschland.

21 Stell die Fragen.

• ______________________

• Ich komme aus Rom.

• ______________________

• Nein, er kommt aus der Türkei.

• ______________________

• Sie wohnt in Berlin.

• ______________________

• Ich spreche Deutsch und Englisch.

• ______________________

• In Italien und in der Schweiz.

• ______________________

• Ja, das ist Herr Weigel.

• ______________________

• Deutsch, Französisch und Italienisch.

• ______________________

• Nein, aus Österreich.

22 *Wo*, *wohin* oder *woher*? Ergänze die Fragen und antworte.

1. • ______ liegt Augsburg? (Süddeutschland) ○ ______
2. • ______ kommt Ali? (die Türkei) ○ ______
3. • ______ wohnt Frau Gruber? (Innsbruck) ○ ______
4. • ______ geht Timo heute Abend? (das Kino) ○ ______
5. • ______ kommt Laura? (Italien) ○ ______
6. • ______ wohnt Frau Rodriguez? (Madrid) ○ ______
7. • ______ gehen wir um 16.00 Uhr? (die Turnhalle) ○ ______
8. • ______ gehst du am Nachmittag? (der Park) ○ ______

23 Interviews. Hör zu und kreuze an. > HÖREN ▶ 14

1. Er heißt
   a. ☐ Thomas.
   b. ☐ Tobias.
   c. ☐ Matthias.
2. Er kommt aus
   a. ☐ Deutschland.
   b. ☐ Österreich.
   c. ☐ der Schweiz.
3. Er spricht
   a. ☐ nur Deutsch.
   b. ☐ Deutsch und ein bisschen Englisch.
   c. ☐ Deutsch und Französisch.
4. Er wohnt
   a. ☐ in Augsburg.
   b. ☐ in Salzburg.
   c. ☐ in Hamburg.

1. Sie heißt
   a. ☐ Karin.
   b. ☐ Christine.
   c. ☐ Katharina.
2. Sie kommt aus
   a. ☐ Deutschland.
   b. ☐ Österreich.
   c. ☐ Südtirol.
3. Sie spricht
   a. ☐ nur Deutsch.
   b. ☐ Deutsch und Italienisch.
   c. ☐ nur Italienisch.
4. Sie wohnt
   a. ☐ in München.
   b. ☐ in Mainz.
   c. ☐ in Meran.

24 Was weißt du über die Jugendlichen? Erzähle.

Wörtertraining

1 Identifiziere Länder.

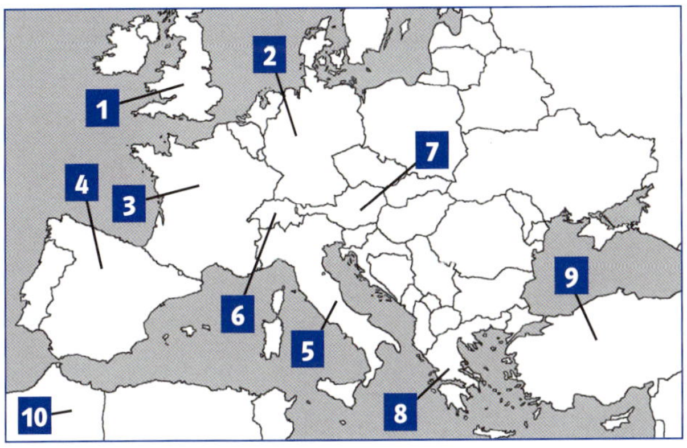

1.
2.
3.
4.
5.
6.
7.
8.
9.
10.

Vielleicht erkennst du noch andere Länder?

2 Ergänze die Informationen.

Name:	*Robert Lewandowski*	*Lena Meyer-Landrut*	*Pharell Williams*
Herkunft:			
Nationalität:			
Sprache(n):			
Beruf:			

3 Ergänze die Tabelle.

Name:	Nicole	*B*	Studentin
A	20	*S*	Ungarisch, Englisch, Spanisch
Herkunft:	Budapest, Ungarn	*H*	Sport, Fremdsprachen
W	Barcelona, Spanien		

Lektion 5 DER, DIE, DAS

A 1 *Der*, *die* oder *das*? Ordne zu.

Kuli • Schultasche • Handy • Mathebuch • Mappe • Ordner • Magazin • Uhr • Poster • Marker • Flöte • Mäppchen • Lampe • Deutschheft • Laptop

der			
die			
das			

2 Schreib deine Beispiele.

der	**die**	**das**

3 Wie sind die Gegenstände? Schreib Sätze wie im Beispiel.

das Magazin	neu
das Handy	bunt
der Laptop	interessant
die Schultasche	kaputt
die Uhr	langsam
der Marker	schwer
das Mäppchen	langweilig
der Atlas	praktisch
das Buch	teuer

Der Marker ist neu.

4 *Er, sie* oder *es*? Verbinde.

die Schultasche · die Uhr · der Kugelschreiber · das Poster · das Handy · die Lampe · das Deutschheft · der Ordner · das Mathebuch · die Mappe · das Magazin · der Marker · der Laptop · die Flöte · das Mäppchen

er **sie** **es**

5 Antworte wie im Beispiel.

1. • Ist das Buch langweilig?
   • *Ja, es ist langweilig.*
2. • Ist die Uhr altmodisch?
   •
3. • Ist das Handy teuer?
   •
4. • Ist der Laptop langsam?
   •
5. • Ist das Poster neu?
   •
6. • Ist der Atlas bunt?
   •
7. • Ist die Schultasche schwer?
   •
8. • Ist das Magazin interessant?
   •
9. • Ist der Marker kaputt?
   •
10. • Ist die Flöte braun?
   •

6 Was kostet das? Hör zu und notiere die Preise. > HÖREN ▶ 15

€

€

€

€

€

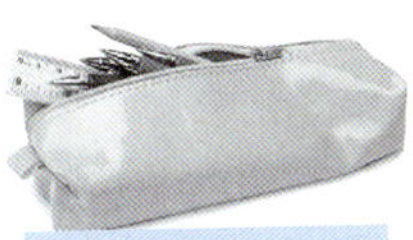
€

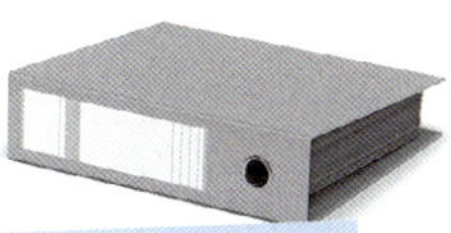
€

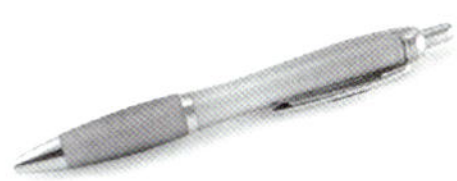
€

7 *Der, die* oder *das*? *Er, sie* oder *es*? Ergänze.

1. ___ Schultasche ist cool. ___ kostet nur ___ €.
2. ___ Poster ist schön. ___ kostet ___ €.
3. ___ Laptop ist modern. ___ kostet ___ €.
4. ___ Mappe ist teuer. ___ kostet ___ €.
5. ___ Uhr ist billig. ___ kostet nur ___ €.
6. ___ Mäppchen ist praktisch. ___ kostet ___ €.
7. ___ Ordner ist orange. ___ kostet ___ €.
8. ___ Magazin ist aktuell. ___ kostet ___ €.

8 *Ein* oder *eine*? Ergänze.

___ Mathebuch	___ Laptop	___ Schultasche	___ Poster
___ Flöte	___ Ordner	___ Mäppchen	___ Kugelschreiber
___ Handy	___ Lampe	___ Marker	
___ Deutschheft	___ Uhr	___ Magazin	

9 Immer nein! Schreib die Sätze wie im Beispiel.

- Ein Buch?
- *Nein, kein Buch, eine Mappe!*

- Ein Kugelschreiber?
- *Nein,* ___

- Ein Mäppchen?
- *Nein,* ___

- Eine Flöte?
- *Nein,* ___

- Ein Ordner?
- *Nein,* ___

- Ein Magazin?
- *Nein,* ___

10 Schreib Sätze wie im Beispiel.

1. • Ist das ein Ordner?
   • *Nein, das ist kein Ordner!*
2. • Ist das eine Uhr?
   •
3. • Ist das ein Laptop?
   •
4. • Ist das eine Lampe?
   •
5. • Ist das ein Poster?
   •
6. • Ist das ein Handy?
   •
7. • Ist das eine Mappe?
   •
8. • Ist das ein Mäppchen?
   •

B 11 Ergänze die Verben.

lesen • brauchen • haben • schreiben • machen • korrigieren • haben • finden

1. Wir ______ morgen das Mathebuch.
2. Wir ______ die Übung auf Seite 57.
3. Wir ______ den Text auf Seite 103.
4. Ich ______ kein Mathebuch.
5. Ich ______ den Text so langweilig!
6. Ihr ______ den Aufsatz für morgen.
7. Wir ______ jetzt die Hausaufgaben.
8. Wir ______ die Hausaufgaben leider nicht.

12 Was passt zusammen? Ordne zu.

1. ☐ Was liest du?
2. ☐ Was machst du?
3. ☐ Was ist das?
4. ☐ Hast du einen Atlas?
5. ☐ Hast du das Matheheft dabei?
6. ☐ Wie ist der Text?
7. ☐ Brauchst du den Laptop?
8. ☐ Wie findest du die Übung?

a. Hier ist das Matheheft!
b. Nein, den Laptop brauche ich nicht.
c. Den Zeitungsartikel.
d. Ich finde die Übung kompliziert.
e. Ich schreibe den Aufsatz.
f. Ich habe keinen Atlas.
g. Er ist langweilig.
h. Das Handy von Timo.

13 Nominativ oder Akkusativ? Kreuze an.

	Nominativ	Akkusativ
1. Ich mache **die Übung** 3.		
2. Er hat **das Matheheft** dabei.		
3. **Die Mappe** kostet 5 Euro.		
4. Brauchst du **den Atlas**?		
5. Hast du **den Kugelschreiber**?		
6. **Das Buch** ist hier.		
7. **Der Kugelschreiber** ist neu.		
8. Ich lese heute **die Zeitung**.		

14 Ergänze die Tabelle.

	maskulin	**feminin**	**neutral**	**Plural**
Nominativ	der Atlas	die Übung	___ Matheheft	die Hausaufgaben
Akkusativ	___ Atlas	___ Übung	___ Matheheft	die Hausaufgaben

15 Ergänze die Sätze.

1. Wie findest du ___? (die Übung)

2. Ich finde ___ nicht. (der Kugelschreiber)

3. Klaus, schreibst du ___? (der Aufsatz)

4. Ich habe ___ dabei. (das Mathebuch)

5. Korrigieren wir zusammen ___? (die Hausaufgaben)

16 *Den, die* oder *das*? Ergänze.

1. • Kaufst du ___ Marker?
• Nein, ___ Marker kaufe ich nicht.

2. • Kaufst du ___ Buch?
• Nein, ___ Buch kaufe ich nicht.

3. • Kaufst du ___ Uhr?
• Ja, ___ Uhr kaufe ich.

4. • Kaufst du ___ Zeitung?
• Nein, ___ Zeitung kaufe ich nicht.

5. • Kaufst du ___ Handy?
• Ja, ___ Handy kaufe ich.

6. • Kaufst du ___ Ordner?
• Nein, ___ Ordner kaufe ich nicht.

17 Was brauchen die Jugendlichen heute?

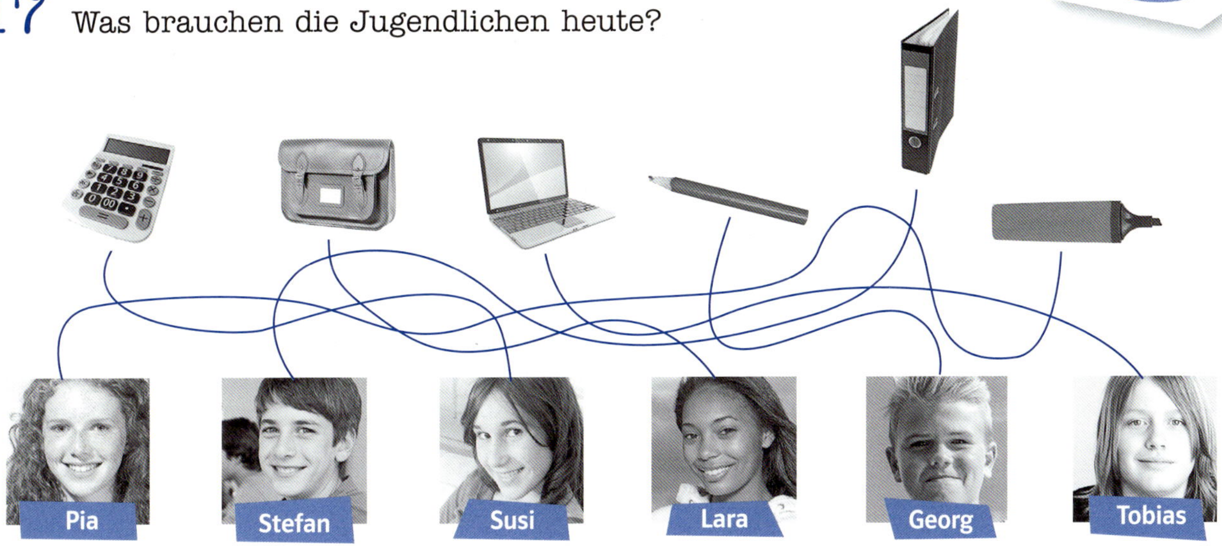

Tobias braucht heute den Laptop.

18 Bilde Sätze.

1. Matheheft / nicht / finden / das / ich
2. korrigieren / Aufsatz / morgen / den / wir
3. Text / so / sein / langweilig / der
4. den / Herr Meier / Zeitungsartikel / lesen
5. Schüler / die / den / lesen / Text / auf Seite 87
6. brauchen / Timo / den / heute / nicht / Laptop

C 19 Was passt zusammen? Ordne zu.

1. Was nimmst du?
2. Ein Wurstbrot?
3. Was trinkst du?
4. Was isst du in der Pause?
5. Möchtest du einen Hamburger?
6. Eine Cola?

a. Ich esse einen Schokoriegel.
b. Einen Hamburger, bitte.
c. Ja, gern!
d. Nein, lieber einen Apfelsaft.
e. Nichts, ich habe keinen Durst.
f. Nein, danke, ich habe keinen Hunger.

20 *(K)einen*, *(k)eine* oder *(k)ein*? Ergänze.

1. • Nimmst du *eine* Portion Pommes?
   • Nein, danke, *keine* Portion Pommes.
2. • Nimmst du ___ Hamburger?
   • Nein, danke ___ Hamburger.
3. • Nimmst du ___ Schinkenbrot?
   • Nein, danke ___ Schinkenbrot.
4. • Trinkst du ___ Mineralwasser?
   • Nein, danke ___ Mineralwasser.
5. • Trinkst du ___ Cola?
   • Nein, danke ___ Cola.
6. • Trinkst du ___ Apfelsaft?
   • Nein, danke ___ Apfelsaft.

21 Ergänze die Tabelle.

	nehmen	essen
ich		
du	*nimmst*	*isst*
er, sie, es		
wir		
ihr		
sie, Sie		

22 Das Verb *nehmen*. Welche Form passt? Ergänze.

1. Ich ___ einen Hamburger. Was ___ du?
2. • Was ___ Markus und Moni?
   • Markus ___ eine Bratwurst. Moni ___ eine Pizza.
3. • Also Jungs, was ___ wir?
   • Wir ___ alle Hamburger mit Pommes.
4. • Und Sie, Frau Stein, was ___ Sie?
   • Ich ___ nichts. Ich habe keinen Hunger.
5. • ___ ihr auch Pommes?
   • Natürlich ___ wir Pommes!

23 Bilde Sätze.

Bei McRonald's	esse isst essen	Tobias die Kinder ich Max und Timo wir Frau Roth	einen eine ein	Frikadelle. Hamburger. Portion Pommes. Bratwurst. Stück Pizza. Salat.

24 ***Möchte***, ***möchtest*** oder ***möchten***? Ergänze.

1. • Herr Wagner, was ___ Sie trinken?
   • Ich ___ eine Tasse Kaffee.
2. • Wir ___ ein Stück Pizza.
   ___ du auch ein Stück?
3. • Und du, Timo? ___ du einen Hamburger?
   • Nein, ich ___ gern ein Schinkenbrot essen.
4. • Und du, Lena? Was ___ du?
   • Ich habe Hunger. Ich ___ einen Hamburger!

25 Was kostet das? Hör zu und notiere die Preise. > HÖREN ▶ 16

___ €

___ €

___ €

___ €

___ €

___ €

___ €

___ €

26 Ergänze frei.

Ich habe Hunger. Ich esse

___

___

Ich habe Durst. Ich trinke

___

___

27 Was essen die Jugendlichen in der Pause?

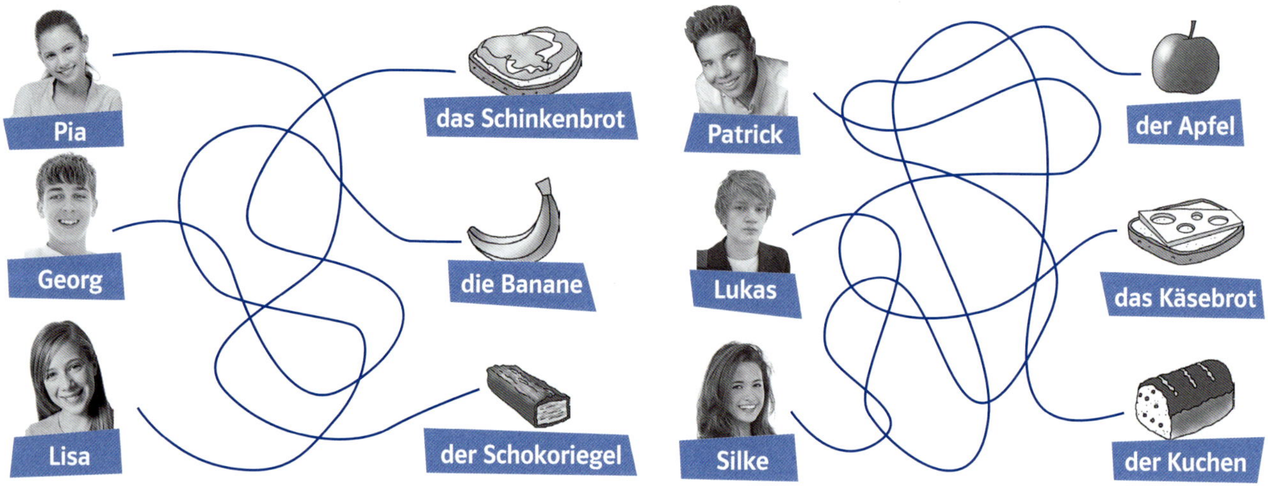

Pia isst einen Schokoriegel.

___

___

28 *Einen*, *eine* oder *ein*? Ergänze die Sätze.

1. • Isst du ___ Banane oder ___ Apfel?
   • Ich esse ___ Apfel.
   • Und ich mag Bananen! Ich nehme ___ Banane.
2. • Was esst ihr?
   • Wir essen ___ Hamburger.
3. Ben trinkt ___ Mineralwasser.
   Renate trinkt ___ Apfelsaft.
4. • Möchtest du ___ Stück Kuchen?
   • Nein, danke, ich esse ___ Schokoriegel.

29 Stell die Frage.

1. • ___
   • Nein, danke, ich habe keinen Durst.
2. • ___
   • Ja, einen Kuchen esse ich gern.
3. • ___
   • Ich esse einen Schokoriegel.
4. • ___
   • Sie isst nichts.
5. • ___
   • Ich nehme eine Frikadelle mit Pommes.
6. • ___
   • Nein, ich habe keinen Hunger.

Wörtertraining

1 Was haben Jugendliche in der Schule zum Essen dabei? Was nicht?

Hamburger • Apfel • Suppe • Banane • Steak • Butterbrot

1. Martha hat eine ______ dabei.

2. Sebastian hat einen ______ mit.

3. Lisa hat ein ______ dabei.

4. Martha hat keinen ______ mit.

5. Sebastian hat kein ______ dabei.

6. Lisa hat keine ______ mit.

2 Was essen und trinken Joachim und Anke?

Joachim isst ______

und trinkt ______

Anke isst ______

und trinkt ______

3 Welche Wörter passen?

Was ist praktisch? ______

Was ist interessant? ______

Was ist langweilig? ______

Was ist modern? ______

4 Lies die SMS von Pia und ergänze die Antwort von Michael.

Hi, Michael!
Was brauchen wir morgen für den Unterricht?
Eine Flöte?
Pia

Hallo, Pia! Keine Flöte! Wir brauchen
den ______,
die ______
und das ______.
Bis morgen! Michael

Lektion 6 VATI, MUTTI & CO

A 1 Was passt zusammen? Ordne zu.

1. ___ Wer ist das?
2. ___ Wie heißt die Schwester von Paul?
3. ___ Hat Lena einen Bruder?
4. ___ Hat Max eine Schwester?
5. ___ Sind Paul und Lena Geschwister?
6. ___ Wer ist der Halbbruder von Max?
7. ___ Wie heißt die Mutter von Julian?
8. ___ Wohnen die Eltern von Paul und Lena zusammen?

a. Ja, Paul.
b. Ja, sie sind Geschwister.
c. Julian.
d. Nein, sie sind geschieden.
e. Sie heißt Eva Fischer.
f. Das ist Herr Koch.
g. Nein, er hat keine Schwester.
h. Sie heißt Lena.

2 *Der* oder *die*? *Er* oder *sie*? Ergänze.

1. • Wie heißt ___ Sohn von Herrn Koch?
   • ___ heißt Paul.
2. • Wie heißt ___ Halbschwester von Julian?
   • ___ heißt Lena.
3. • Wie heißt ___ Mutter von Julian?
   • ___ heißt Eva Fischer.
4. • Wie heißt ___ Halbbruder von Paul?
   • ___ heißt Julian.
5. • Wie heißt ___ Tochter von Frau Koch?
   • ___ heißt Lena.
6. • Wie heißt ___ Bruder von Lena?
   • ___ heißt Paul.

3 *Einen* oder *eine*? Ergänze.

1. Paul hat ___ Schwester.
2. Eva Fischer hat ___ Sohn.
3. Max hat ___ Stiefvater.
4. Lena hat ___ Bruder und ___ Halbbruder.
5. Herr Koch hat ___ Sohn und ___ Tochter.
6. Ich habe ___ Bruder und ___ Schwester.

4 Wer hat wie viele Geschwister?

Stefan

Martin

Karin

Eva

Melanie

1 Bruder | Einzelkind | 1 Schwester | 1 Bruder und 1 Schwester | 2 Brüder

Melanie ist Einzelkind. Stefan hat

5 Wer ist das? Stell die Personen vor.

Patrick Hoffmann
14
Zürich
Schweiz
1 Bruder, 1 Schwester

Das ist Patrick Hoffmann. Er ist 14 Jahre alt. Er wohnt in Zürich. Das liegt in der Schweiz. Er hat einen Bruder und eine Schwester.

Marie Weigel
15
Vaduz
Liechtenstein
1 Bruder

Das ist Marie

Huber Zelger
42
Innsbruck
Österreich
1 Sohn

Alice Bauer
30
Frankfurt
Deutschland
1 Tochter, 1 Sohn

6 Das Verb: *haben*. Welche Form passt? Ergänze.

1. • ___ du Geschwister?
   • Nein, ich ___ keine Geschwister.
2. • ___ Tobias einen Halbbruder?
   • Nein, er ___ eine Halbschwester.
3. • Wer ___ Geschwister?
   • Ich ___ zwei Brüder.
4. • ___ deine Großeltern ein Haus mit Garten?
   • Ja, sie ___ ein Haus mit Garten.
5. • ___ ihr einen Onkel?
   • Ja, wir ___ einen Onkel.
6. • Ich ___ viele Freunde.
   Und du? ___ du viele Freunde?

7 Stell die Frage.

1. • ___
   • Nein, ich bin Einzelkind.
2. • ___
   • Ja, sie heißt Laura.
3. • ___
   • Mein Vater heißt Frank und meine Mutter Claudia.
4. • ___
   • Wir sind fünf.
5. • ___
   • Ja, sie wohnen zusammen in Berlin.
6. • ___
   • Er ist der Sohn von Eva Fischer.

8 Leute stellen sich vor. Hör zu und kreuze an. > HÖREN ▶ 17

	Franz	Herr Steiner	Marion
Alter	☐ 15 ☐ 16 ☐ 17	☐ 46 ☐ 45 ☐ 54	☐ 10 ☐ 11 ☐ 13
Wohnort	☐ Rothenburg ☐ Augsburg ☐ Ludwigsburg	☐ Kreuzlingen ☐ Tübingen ☐ Memmingen	☐ Bamberg ☐ Nürnberg ☐ Heidelberg
Geschwister / Kinder	☐ eine Schwester ☐ zwei Brüder ☐ einen Bruder	☐ einen Sohn und eine Tochter ☐ eine Tochter ☐ einen Sohn	☐ eine Schwester ☐ zwei Schwestern ☐ keine Geschwister

9 Lies die E-Mail und antworte Anja.

Von: Anja

Hallo,
ich bin Anja. Ich wohne in Berlin und bin 14 Jahre alt. Das sind meine Eltern: Meine Mutter heißt Elisabeth und mein Vater heißt Guido. Er kommt aus Italien. Der Junge auf dem Foto ist mein Bruder: Alexander. Er ist acht Jahre alt. Meine Oma ist auch auf dem Foto. Sie ist 74. Und wie ist es bei dir zu Hause? Wie viele Personen seid ihr? Schreib mir.
Tschüs!
Anja

Von:

Liebe Anja,

B 10 Wie heißen die Tiere auf Deutsch?

1

2

3

4

5

6

7

8

11 Wer hat welches Haustier?

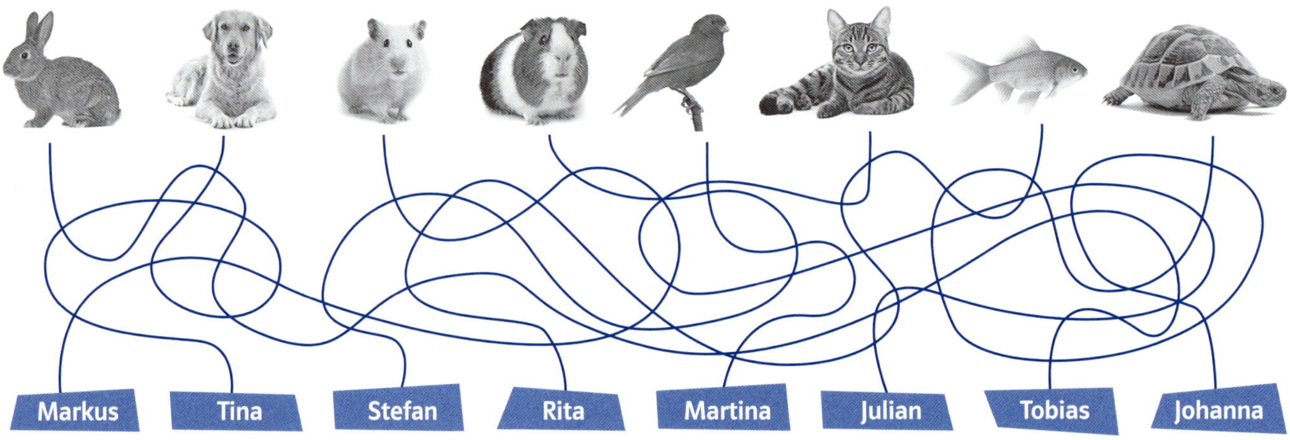

1. • Hat Markus einen Hamster?
   • *Ja, er hat einen Hamster.*
2. • Hat Stefan ein Meerschweinchen?
   •
3. • Hat Rita einen Goldfisch?
   •
4. • Hat Martina einen Kanarienvogel?
   •
5. • Hat Julian ein Kaninchen?
   •
6. • Hat Tobias einen Hund?
   •
7. • Hat Johanna eine Schildkröte?
   •
8. • Hat Tina eine Katze?
   • *Nein, sie hat keine Katze. Sie hat*

12 Wie ist der Plural?

1. ein Hund — zwei
2. eine Katze — zwei
3. ein Hamster — zwei
4. ein Goldfisch — zwei
5. eine Schildkröte — zwei
6. ein Kaninchen — zwei
7. ein Meerschweinchen — zwei
8. ein Kanarienvogel — zwei

13 Antworte wie im Beispiel.

1. • Hast du einen Hund?
   • *Einen Hund? Ich habe viele Hunde!*
2. • Hast du ein Meerschweinchen?
   •
3. • Hast du einen Hamster?
   •
4. • Hast du eine Katze?
   •
5. • Hast du einen Kanarienvogel?
   •
6. • Hast du einen Goldfisch?
   •
7. • Hast du eine Schildkröte?
   •
8. • Hast du ein Kaninchen?
   •

14 *Mein* oder *meine*? *Dein* oder *deine*? Ergänze.

1. • Hast du einen Hamster?
   • Nein, aber ___ Freund Timo hat einen.
2. • Wie heißt ___ Bruder?
   • ___ Bruder heißt Tobias.
3. • Wie alt sind ___ Eltern?
   • ___ Mutter ist 40 und ___ Vater ist 43.
4. • Ich habe zwei Zwillingsschwestern.
   ___ Zwillingsschwestern heißen Anne und Petra.
5. • Wo ist ___ Hund?
   • ___ Hund spielt im Garten.
6. • Was macht ___ Katze?
   • ___ Katze schläft den ganzen Tag.

15 Wie ist der Singular? Erinnere dich!

1. zwei Laptops ein ___
2. zwei Schultaschen eine ___
3. zwei Handys ein ___
4. zwei Kugelschreiber ein ___
5. zwei Deutschhefte ein ___
6. zwei Mappen eine ___
7. zwei Poster ein ___
8. zwei Uhren eine ___

16 Wer hat welches Haustier? Hör zu, verbinde und bilde Sätze. > HÖREN ▶ 18

Max	Hamster	Mieze
Susi	Goldfisch	Black
Timo	Katze	Hamlet
Daniel	Hund	Splash
Annette	Kanarienvogel	Gelbi

Max hat einen Hund. Er heißt Black.

17 Antworte auf die Fragen.

Hast du ein Haustier? Wie heißt es?

Was machen Hunde gern?

Was essen Katzen gern?

Magst du Haustiere?

Wie sind beliebte Hundenamen in deinem Land?

Möchtest du ein Haustier haben?

C 18 Wann ist er / sie geboren / gestorben? Schreib die Jahre.

Herr Weger 1921–2006

Frau Schneider 1906–2011

Herr Müller 1813–1883

Herr Winkler 1721–1801

19 Welches Jahr ist das?

1. neunzehnhundertachtzehn
2. achtzehnhundertzweiundfünfzig
3. zweitausendsechzehn
4. siebzehnhundertsechsundsechzig
5. neunzehnhundertneununddreißig
6. fünfzehnhundertelf
7. sechzehnhunderteinundzwanzig
8. achtzehnhundertachtzig

20 Schreib das Jahr.

1492

1789

1914

1961

2001

1848

1945

1990

2010

1645

21 Wer ist das?

1. Der Vater von meinem Vater. *mein Onkel*
2. Der Mann von meiner Mutter.
3. Sie hat dieselben Eltern wie ich.
4. Der Bruder von meiner Mutter.
5. Der Sohn von meinem Onkel.
6. Die Frau von meinem Onkel.
7. Die Schwester von meinem Cousin.
8. Die Frau von meinem Opa.
9. Der Vater von meiner Mutter.
10. Die Eltern von meinen Eltern.

22 Richtig (R) oder falsch (F)? Hör zu und kreuze an. > HÖREN ▶ 19

	R	F
1. Nicole hat Geschwister, und zwar einen Bruder und eine Schwester.		
2. Die Oma von Nicole heißt Emma.		
3. Nicole ist 15 Jahre alt.		
4. Der Vater von Nicole heißt Stefan.		
5. In ihrer Freizeit spielt Nicole Tennis.		
6. Nicole hat einen Hund zu Hause.		
7. Die Oma von Nicole ist 87 Jahre alt.		

23 Bilde Fragen.

1. deine / in / wohnen / Offenbach / Großeltern / ?

2. Bruder / hast / du / einen / ?

3. ist / das / Julia / Vater / von / der / ?

4. deine / wann / Oma / geboren / ist / ?

5. Opa / wie / dein / ist / alt / ?

6. spielt / Bruder / im Garten / dein / Fußball / ?

24 Bilde Sätze.

1. meine Katze / mit dem Ball / spielen / kann *Meine Katze kann mit dem Ball spielen.*

2. was / machen / kannst / du / überhaupt nicht / ?

3. Thomas und Max / spielen / Basketball / können / sehr gut

4. fahren / nicht / meine Oma / kann / Auto

5. du / gut / Englisch / kannst / sprechen / ?

6. meine Großeltern / erzählen / interessant / können

Wörtertraining

1 Familienmitglieder.

E wie

O wie

C wie

S wie

H wie

T wie

2 Formuliere die Fragen an deinen neuen Freund.

wie • wie viele • wo • wohin • was • wer • woher …

Wohnen:

Eltern:

Geschwister:

Großeltern:

Freunde:

Haustiere:

Hobby(s):

Sprache(n):

3 Ergänze die Sätze. Benutze das Wörterbuch.

Was brauchen die Tiere?

Mein Hund braucht *eine Leine,*

Meine Katze braucht

Mein Papagei braucht

Lektion 7 HIER WOHNE ICH!

A 1 Wo wohnst du? Kreuze an und schreib dann einen kurzen Text.

Ich wohne …

- [ ] in einer Wohnung.
- [ ] in einem Reihenhaus.
- [ ] in einem Einfamilienhaus.

…

Meine Wohnung / Mein Haus ist …

- [ ] klein.
- [ ] groß.
- [ ] neu.
- [ ] alt.
- [ ] schön.
- [ ] gemütlich.

…

Meine Wohnung / Mein Haus …

- [ ] gefällt mir.
- [ ] gefällt mir nicht so sehr.
- [ ] finde ich schön.
- [ ] finde ich nicht schön.

…

Meine Wohnung / Mein Haus liegt …

- [ ] im Zentrum.
- [ ] am Stadtrand.
- [ ] auf dem Land.

…

Meine Wohnung / Mein Haus hat …

- [ ] 2, 3 … Zimmer.
- [ ] einen Balkon.
- [ ] eine Terrasse.
- [ ] einen Garten.
- [ ] einen Keller.

…

In der Gegend gibt es …

- [ ] ein Kino.
- [ ] ein Einkaufszentrum.
- [ ] eine Sporthalle.
- [ ] einen Park.

…

Ich wohne

2 Wie sind die Räume? Schreib Sätze wie im Beispiel.

das Wohnzimmer	klein
die Küche	groß
das Schlafzimmer	sonnig
das Arbeitszimmer	nützlich
das Bad	gemütlich
der Abstellraum	praktisch
der Balkon	sehr schön
die Terrasse	nicht sehr groß

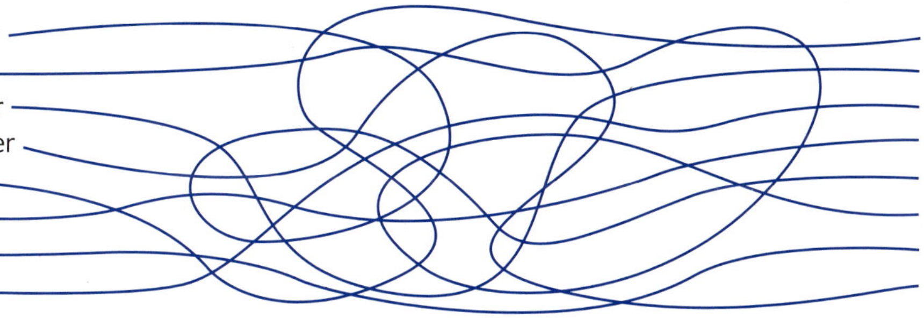

Das Bad ist klein.

3 Bilde Minidialoge wie im Beispiel.

1. • *Wie ist das Bad?*
   • *Es ist klein.*
2. •
   •
3. •
   •
4. •
   •
5. •
   •
6. •
   •
7. •
   •
8. •
   •

4 Buchstabenschlange. Finde 8 Substantive.

STUZABADADPALKGARTENSCHRKÜCHEUNDHGZIMMERLICHBALKONPRASKELLERABKRAS WOHNZIMMERLAPSCHTERRASSEBATRUM

5 Buchstabenschlange. Finde 6 Adjektive.

KREOSONNIGABUFSRGEMÜTLICHSASCHRNÜTZLICHLSOEBKLEINSUASCHÖNBSTEIPRAKTISCHICHSBREI

6 Bilde Minidialoge wie im Beispiel.

das Zimmer • der Computer • der Schreibtisch • der Garten • die Wohnung • das Haus • die Terrasse • der Balkon

1. • *Gefällt dir mein Zimmer?*
   • *Ja, es gefällt mir sehr gut.*
2. •
   • *Ja,*
3. •
   • *Nein,*
4. •
   • *Ja,*
5. •
   • *Nein,*
6. •
   • *Ja,*
7. •
   • *Ja,*
8. •
   • *Nein,*

7 Formuliere die Sätze anders.

1. Deine Wohnung gefällt mir. — *Mir gefällt deine Wohnung.*
2. Dein Haus gefällt mir nicht. — Mir
3. Ich finde dein Zimmer sehr schön. — Dein Zimmer
4. Ich wohne im Zentrum. — Im Zentrum
5. Peter wohnt jetzt auf dem Land. — Jetzt
6. Ich finde dein Wohnzimmer gemütlich. — Gemütlich
7. Es geht mir sehr gut heute. — Heute
8. Es geht Lukas schlecht. — Lukas

8 Antworte.

1. Wohnst du in einer Wohnung oder in einem Haus?
2. Liegt deine Wohnung / dein Haus im Zentrum?
3. In welchem Stock liegt deine Wohnung?
4. Wie groß ist deine Wohnung / dein Haus?
5. Wie viele Zimmer hat deine Wohnung / dein Haus?
6. Hast du ein Zimmer nur für dich?
7. Hat deine Wohnung einen Balkon?
8. Hat dein Haus einen Garten?
9. Gefällt dir deine Wohnung / dein Haus?
10. Wohnst du gern in deiner Wohnung / in deinem Haus?

9 Interview mit Nico. Hör zu und kreuze an. > HÖREN 20

1. Nico wohnt in …
a. Bamberg.
b. Nürnberg.
c. Heidelberg.

2. Nicos Wohnung ist … groß.
a. 90 m^2
b. 95 m^2
c. 99 m^2

3. Nico hat …
a. einen Bruder.
b. eine Schwester.
c. keine Geschwister.

4. Nicos Wohnung hat …
a. zwei Schlafzimmer.
b. drei Schlafzimmer.
c. vier Schlafzimmer.

5. Nicos Wohnung hat …
a. einen Flur.
b. einen Balkon.
c. eine Terrasse.

B 10 Wie heißt das auf Deutsch?

1. das Bücherregal
2. der Stuhl
3. der Fernseher
4. das Bett
5. der Esstisch
6. das Sofa
7. der Kleiderschrank
8. die Mikrowelle
9. die Stehlampe
10. der Kühlschrank
11. der Teppich
12. der Sessel
13. der Schreibtisch

11 Immer nein! Schreib Sätze wie im Beispiel.

1. • Ist das ein Schreibtisch?
   • *Nein, das ist kein Schreibtisch!*
2. • Ist das ein Sofa?
   •
3. • Ist das ein Stuhl?
   •
4. • Ist das eine Mikrowelle?
   •
5. • Ist das ein Fernseher?
   •
6. • Ist das eine Stehlampe?
   •

12 Wie viele Wörter kennst du? Ergänze.

das Wohnzimmer *das Sofa,*

die Küche

der Balkon

der Flur

das Schlafzimmer *das Bett,*

13 Antworte.

1. Findest du die Wohnung schön? *Ja, ich finde sie sehr schön!*
2. Findest du das Wohnzimmer gemütlich?
3. Findest du den Flur nützlich?
4. Findest du die Küche klein?
5. Findest du das Schlafzimmer groß?
6. Findest du den Balkon praktisch?

14 Wie ist der Plural?

Tisch • Sofa • Lampe • Teppich • Bad • Schrank • Küche • Handy • Stuhl • Fernseher • Bett • Computer • Bücherregal • Haus • Mikrowelle • Sessel • Kommode • Videorecorder

-e	⸚e	-(e)n	⸚er	-s	–

15 Ergänze: *ihn, sie* oder *es*?

1. • Wie findest du den Lehrer?
   • Ich finde ___ sehr nett.
2. • Wie findest du die Lehrerin?
   • Ich finde ___ sehr lustig.
3. • Wie findest du mein Auto?
   • Ich finde ___ toll.
4. • Siehst du heute Herrn Meier?
   • Nein, ich sehe ___ nicht.
5. • Brauchst du heute das Fahrrad?
   • Nein, heute brauche ich ___ nicht.
6. • Kaufst du den Laptop?
   • Natürlich kaufe ich ___
7. • Kennst du meine Freunde?
   • Nein, ich kenne ___ nicht.
8. • Wie findet ihr den Film?
   • Wir finden ___ langweilig.

16 *Der, die* oder *das*? *Ihn, sie* oder *es*? Ergänze.

1. ___ Regal kostet nur 49 Euro. Ich kaufe ___
2. ___ Schrank kostet nur 499 Euro. Ich kaufe ___
3. ___ Sofa kostet nur 550 Euro. Ich kaufe ___
4. ___ Sessel kostet nur 235 Euro. Ich kaufe ___
5. ___ vier Stühle kosten nur 120 Euro. Ich kaufe ___
6. ___ Fernseher kostet nur 649 Euro. Ich kaufe ___
7. ___ Stehlampe kostet nur 99 Euro. Ich kaufe ___
8. ___ Kommode kostet nur 199 Euro. Ich kaufe ___

17 Antworte.

1. • Mutti, wo ist mein Pullover?
   • Tut mir leid, *ich habe ihn nicht gesehen.*
2. • Mutti, wo sind meine Tennisschuhe?
   • Tut mir leid, ___
3. • Mutti, wo ist mein Fotoapparat?
   • Tut mir leid, ___
4. • Mutti, wo ist das Handy von Vati?
   • Tut mir leid, ___
5. • Mutti, wo sind die neuen Bücher?
   • Tut mir leid, ___
6. • Mutti, wo ist der Laptop von Jonas?
   • Tut mir leid, ___

18 Bilde Sätze.

Wir Ich Petra Tobias Meine Eltern	finden findet finde	den die das	Computer Pullover Handy Lampe Jeans Stühle Sofa Regal Vase	super. hässlich. praktisch. elegant. bequem. originell. nicht zu teuer. nicht so schön. sehr modisch.

Ich Er Sie Wir	kauft kaufen kaufe	ihn sie es	(nicht).

___

C 19 Petras Zimmer. Ergänze den Text.

höre • Kleiderschrank • gefällt • viele E-Mails • mag • bequem • Hausaufgaben • Bett • surfe • Schrank

Mein Zimmer (1) ______ mir sehr gut. Ich bin gern hier. Hier mache ich meine (2) ______, (3) ______ Musik, lese und (4) ______ im Internet. Ich schicke meinen Freunden und Freundinnen (5) ______. Ich habe einen (6) ______. Der ist aber viel zu klein. Meine Mutter sagt aber, der (7) ______ ist o. k. Ich habe einfach zu viele Kleider. Mein (8) ______ ist groß und sehr (9) ______. Ich (10) ______ mein Zimmer!

20 Zur Kontrolle: Hör zu und sprich nach. > HÖREN 21

21 Antworte.

1. Ist Petra gern in ihrem Zimmer? ______
2. Was macht Petra in ihrem Zimmer? ______
3. Hat Petra einen PC in ihrem Zimmer? ______
4. Wie viele Schränke hat Petra in ihrem Zimmer? ______
5. Wie ist Petras Bett? ______
6. Wie gefällt dir das Zimmer von Petra? ______

22 Stell die Frage.

1. •

   • Nein, in einer Wohnung.

2. •

   • Nein, sie liegt am Stadtrand.

3. •

   • Es gibt einen Park.

4. •

   • Sie ist 90 m^2 groß.

5. •

   • Sie hat vier Zimmer.

6. •

   • Ja, sie gefällt mir sehr gut.

7. •

   • Nein, ich teile das Zimmer mit meinem Bruder.

8. •

   • Ich finde sie sehr modern.

23 Richtig (R) oder falsch (F)? Lies den Text und kreuze an.

Das deutscheste Jungenzimmer

Die Agentur Jung von Matt aus Hamburg macht normalerweise Reklame. Aber nicht immer. 50 Studien, 700 Stunden Arbeit, 2.350 Statistiken – fertig ist das typische Zimmer eines deutschen Jungen. Die Chefin Karen Heumann präsentiert das Zimmer heute. Und so sieht es aus: Eine Wand ist rot, die anderen sind weiß. Links steht das Bett und darüber ist ein Auto-Poster. Beim Fenster steht der Schreibtisch. Auf dem Schreibtisch ist ein Schulbuch, der typisch deutsche Junge geht ja zur Schule. Und dann ist da ein Regal. Im Regal sind Comics und Harry-Potter-Bücher. Neben der Tür ist der Schrank. Im Schrank sind Jeans, T-Shirts, Pullis und Sportsachen. Und wie wohnst du?

	R	F
1. Die Agentur ist in München.		
2. Im Zimmer wohnt ein Junge.		
3. Das Zimmer ist weiß und ein bisschen rot.		
4. Typische Jungen sind in Deutschland Schüler.		
5. Typisch deutsche Jungen lesen nicht.		

24 Lies den Text noch einmal und zeichne das typische Jungenzimmer.

Wörtertraining

1 Möbel und Gegenstände. Wie viele Wörter kennst du?

der:

die:

das:

2 Nenne die Räume.

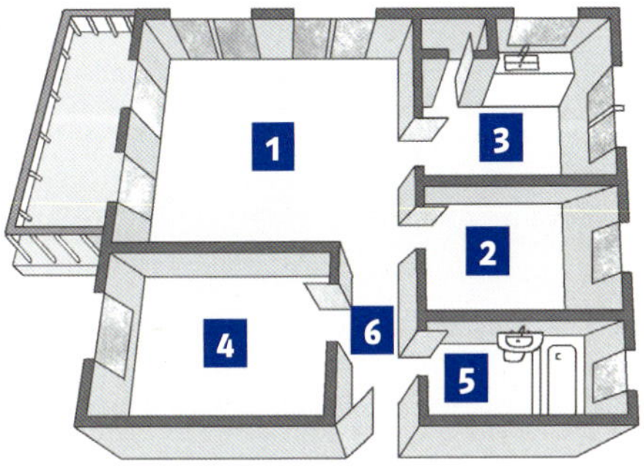

3 Wie gefällt / gefallen dir …? Wie ist / sind …? Schreib deine Meinung.

komisch • originell • cool • fantastisch • interessant • hässlich • langweilig • …

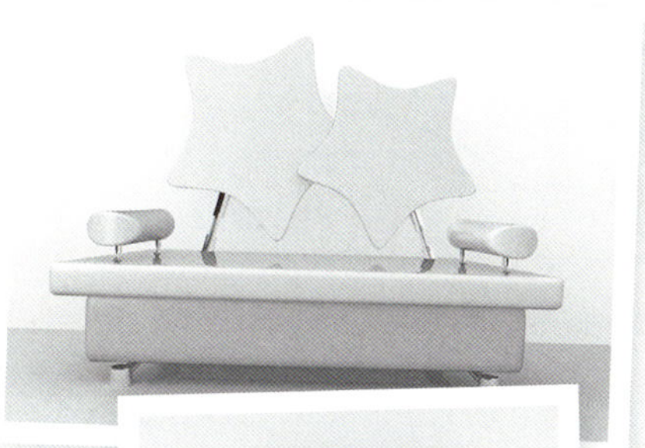

Das Sofa gefällt mir . Es ist

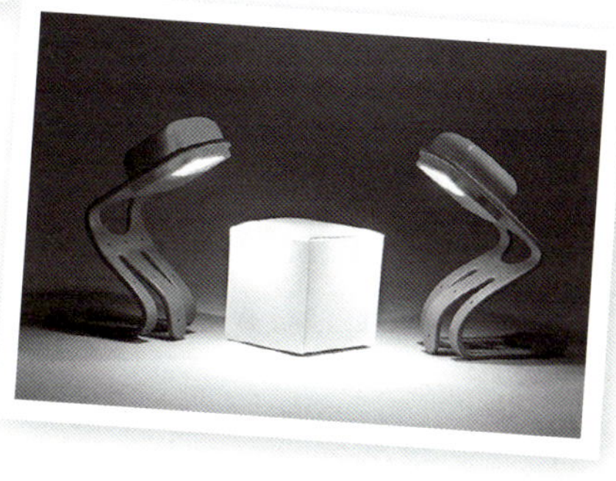

Lektion 8 WO DENN?

A 1 Wie ist der Dativ?

das Regal		die Mikrowelle		die Terrasse	
die Küche		die Kommode		der Balkon	
das Bett		der Schrank		die Toilette	
der Stuhl		der Schreibtisch		das Wohnzimmer	

2 Wo ist dein Handy? Ergänze.

in ___ Zimmer	unter ___ Tisch	auf ___ Terrasse	in ___ Küche
auf ___ Sofa	auf ___ Bett	in ___ Mikrowelle	unter ___ Stuhl

3 Wo sind die Möbel? Bilde Sätze.

Der Esstisch Der Schreibtisch Das Bett Der Teppich Das Regal Die Stühle Das Sofa Der Kühlschrank Das Bücherregal Die Mikrowelle Der Schrank	steht stehen liegt	in dem (im) in der	Flur. Küche. Abstellraum. Wohnzimmer. Schlafzimmer. Arbeitszimmer.

Der Schrank steht im Flur.

4 Schreib Minidialoge.

der Computer • das Zimmer, der Schreibtisch • in, auf

- Wir haben einen neuen Computer!
- Und wo steht er?
- In meinem Zimmer, auf dem Schreibtisch.

der Blumentopf • der Balkon, der Tisch • auf, auf

- Wir haben einen neuen Blumentopf!
-
-

die Mikrowelle • die Küche, der Kühlschrank • in, neben

- Wir haben eine neue Mikrowelle!
-
-

der Teppich • das Schlafzimmer, das Bett • in, unter

- Wir haben einen neuen Teppich!
-
-

die Stehlampe • das Wohnzimmer, das Sofa • in, neben

- Wir haben eine neue Stehlampe!
-
-

der Fernseher • das Zimmer, die Kommode • in, auf

- Wir haben einen neuen Fernseher!
-
-

5 Ergänze.

1. Das neue Sofa steht in ____ Küche.
in ____ Bad.
auf ____ Balkon.

2. Die neue Uhr liegt auf ____ Teppich.
auf ____ Bett.
unter ____ Kommode.

3. Der neue Computer steht unter ____ Schreibtisch.
neben ____ Stehlampe.
auf ____ Regal.

4. Das neue Buch liegt in ____ Geschirrspüler.
in ____ Mikrowelle.
in ____ Kühlschrank.

6 Antworte.

1. Wo steht dein Computer?
2. Wo liegt dein Handy?
3. Wo liegt dein Deutschbuch?
4. Wo steht dein Kleiderschrank?
5. Wo liegen deine Klamotten?

7 Antworte frei.

1. Wo kann man lernen?
2. Wo kann man essen?
3. Wo kann man kochen?
4. Wo kann man schlafen?
5. Wo kann man duschen?
6. Wo kann man sich sonnen?

8 Ergänze die Dialoge.

1. • Isst du heute in ___ Restaurant?
   • Nein, in ___ Mensa.
2. • Frühstückst du heute in ___ Café?
   • Nein, zu Hause, auf ___ Terrasse.
3. • Lernst du heute in ___ Bibliothek?
   • Nein, zu Hause, in ___ Wohnzimmer.
4. • Wo wäschst du dich? In ___ Bad?
   • Ja, natürlich in ___ Bad.
5. • Wo schläfst du? Auf ___ Bett?
   • Nein, auf ___ Sofa.
6. • Wo sonnst du dich? Auf ___ Balkon?
   • Nein, in ___ Garten.

9 Bilde Sätze.

1. Balkon / ich / sitze / dem / frühstücke / und / auf
2. heute / Petra / isst / Mensa / der / in
3. kann / Küche / man / der / in / lernen / auch
4. mein Hund / unter / schläft / Schreibtisch / dem

10 Ergänze die Tabelle.

	sich treffen		
ich		wir	treffen uns
du		ihr	
er, sie, es	trifft sich	sie, Sie	

11 Das Verb ***sich treffen***.

1. Wann triffst du ______ mit deiner Clique?
2. Markus trifft ______ mit Paul im Stadion.
3. Wir treffen ______ heute bei Michael.
4. Wo trefft ihr ______ ?
5. Hier kann man ______ in einem Café treffen.
6. Maja und Anne treffen ______ vor dem Supermarkt.
7. Treffen wir ______ heute im Jugendclub?
8. Warum treffen Sie ______ heute im Zentrum, Frau Miller?

12 ***sich***-Verben. Wie heißen sie in deiner Muttersprache?

sich freuen ______
sich erholen ______
sich waschen ______
sich verspäten ______
sich interessieren ______
sich sonnen ______

B 13 Wie heißt das in deiner Muttersprache?

1. die Apotheke ______
2. das Theater ______
3. der Supermarkt ______
4. das Kino ______
5. das Tourismusbüro ______
6. die Post ______
7. der Spielplatz ______
8. die Bäckerei ______
9. das Hotel ______
10. das Kaufhaus ______

14 Wie ist der Dativ?

1. das Kino
2. die Bäckerei
3. der Supermarkt
4. das Theater
5. die Post
6. das Kaufhaus
7. die Toilette
8. das Tourismusbüro
9. der Spielplatz
10. die Apotheke

15 Wo ist Tina? Wo ist Stefan? Ordne zu.

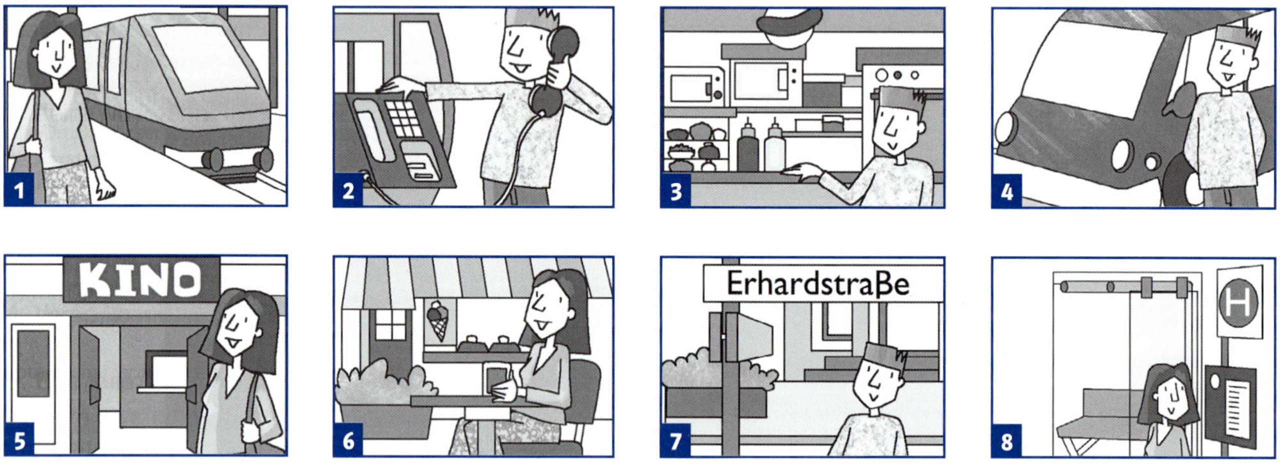

a. in der Telefonzelle
b. vor der Eisdiele
c. am Bahnhof
d. vor dem Kino
e. neben dem Auto
f. im Café
g. an der Haltestelle
h. in der Erhardstraße

16 Bilde Sätze.

1. Apotheke / liegen / Mengstraße / in

Die Apotheke liegt in der Mengstraße.

2. Kino / sein / Post / neben

3. Restaurant / Kaufhaus / neben / liegen

4. Volksbank / an / sein / Rathausplatz

5. Touristen / Rathaus / vor / stehen

6. Oma / Sofa / Fernseher / auf / vor / sitzen

17 Antworte: ***vor*** oder ***in***?

1. • Wo essen wir? (die Pizzeria)
   • *Natürlich in der Pizzeria!*
2. • Wo bist du am Vormittag? (die Schule)
   •
3. • Wo steht das Taxi? (der Bahnhof)
   •
4. • Wo triffst du deine Freunde? (der Park)
   •
5. • Wo lernst du Spanisch? (die Sprachschule)
   •
6. • Wo wohnt Sabine? (die Goethestraße)
   •
7. • Wo parkst du das Auto? (das Parkhaus)
   •
8. • Wo steht das Auto? (das Theater)
   •

18 Wo? Ergänze und ordne zu.

1. ☐ Wo kann man Englisch lernen?
2. ☐ Wo kann man joggen?
3. ☐ Wo kann man Medikamente kaufen?
4. ☐ Wo kann man Eis essen?
5. ☐ Wo kann man Leute treffen?
6. ☐ Wo kann man Brot kaufen?

a. *In der* Eisdiele, klar!
b. ______ Sprachschule, klar!
c. ______ Bäckerei, klar!
d. ______ Park, klar!
e. ______ Apotheke, klar!
f. ______ Jugendzentrum, klar!

19 Wo wohnt Stefan? Ergänze.

Stefan wohnt …
in *der* Ludwigstraße.
neben *d*___ Supermarkt.
______ *d*___ Bäckerei.
______ *d*___ Park.
______ *d*___ Hotel.
______ *d*___ Stadtzentrum.
an *d*___ Goetheplatz.

Ich wohne in der Ludwigstraße, neben …
Und du? Wo wohnst du?

20 Wo sind die Menschen? Hör zu und kreuze an. > HÖREN 22

Situation 1
- **a.** in der Metzgerei
- **b.** im Restaurant
- **c.** in der Eisdiele

Situation 2
- **a.** im Theater
- **b.** im Kaufhaus
- **c.** im Kino

Situation 3
- **a.** vor einer Boutique
- **b.** in der Disco
- **c.** im Sportgeschäft

Situation 4
- **a.** im Hotel
- **b.** am Bahnhof
- **c.** im Wohnzimmer

Situation 5
- **a.** in der Disco
- **b.** in der Turnhalle
- **c.** im Café

Situation 6
- **a.** auf der Post
- **b.** auf der Bank
- **c.** am Bahnhof

21 Wo hat Timo das alles vergessen? Schreib Sätze wie im Beispiel.

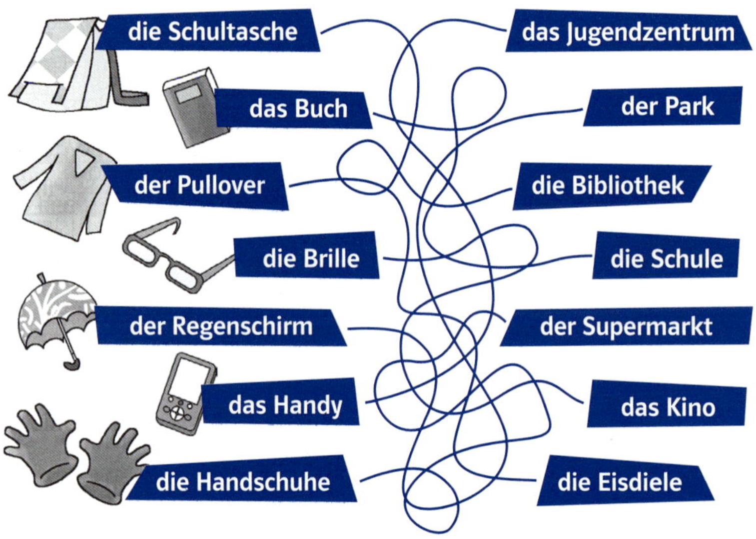

Timo hat die Schultasche in der Bibliothek vergessen.

22 Wie ist der Akkusativ?

1. der Bahnhof	*den Bahnhof*	**6.** das Tourismusbüro	
2. die Apotheke		**7.** die Bäckerei	
3. der Supermarkt		**8.** der Park	
4. das Kino		**9.** der Spielplatz	
5. die Post		**10.** das Theater	

23 Ergänze.

1. In meiner Stadt gibt es ______ Post, aber es gibt k______ Bahnhof.
2. In meiner Stadt gibt es ______ Kino, aber es gibt k______ Theater.
3. In meiner Stadt gibt es ______ Bäckerei, aber es gibt k______ Metzgerei.
4. In meiner Stadt gibt es ______ Supermarkt, aber es gibt k______ Kaufhaus.
5. In meiner Stadt gibt es ______ Park, aber es gibt k______ Spielplatz.
6. In meiner Stadt gibt es ______ Sprachschule, aber es gibt k______ Tanzschule.

C 24 Das Verb: *wissen*. Ergänze die Tabelle und dann die Sätze.

	wissen		
ich		wir	
du		ihr	*wisst*
er, sie, es	*weiß*	sie, Sie	

1. • Wo liegt das Nationalmuseum? ______ ihr das?
   • Natürlich ______ wir das! Wir wohnen neben dem Nationalmuseum.
2. • Entschuldigung, fährt der Bus zum Bahnhof? ______ Sie das?
   • Ich ______ es leider nicht.
3. • Spricht Peter Italienisch? ______ du das?
   • Nein, ich ______ es nicht, aber Pia ______ das bestimmt!

25 Wo triffst du deine Freunde? Antworte.

In ______ Fußgängerzone.

Vor ______ Einkaufszentrum.

In ______ Schule.

Vor ______ Café.

In ______ Jugendzentrum.

Vor ______ Kino.

In ______ Eisdiele.

In ______ Park.

26 Meine Clique. Hör zu und ergänze die Tabelle. > HÖREN ▶ 23

	Annette	Julian	Katja	Tim
Wie viele Leute?				
Treffpunkt?				
Wie oft?				
Was?				

27 Das Verb *sein* im Präteritum. Ergänze.

1. Wo *war* Maria?
2. Wo ___ Alex und Mesut?
3. Wo ___ du, Elke?
4. Michael und Pia, wo ___ ihr?
5. Herr Galanis, wo ___ Sie?
6. Leon, ___ du im Kino?
7. Wo ___ Julia, weißt du das?
8. Hanna, wo ___ du mit Julia?

Wo waren gestern deine Freunde?

28 Das Verb *haben* im Präteritum. Ergänze.

1. Ich ___ gestern viel zu tun.
2. Annika ___ gestern keine Hausaufgaben.
3. Meine Schwester Julia ___ keine Zeit für mich.
4. Mein Bruder Markus ___ keine Lust, Fußball zu spielen.
5. Mein Freund Max ___ kein Matheheft dabei.
6. Meine Eltern ___ viel Spaß im Theater.
7. ___ du gestern Nachmittag Zeit, Olga?
8. Meine Oma ___ einen Hund und eine Katze.

Wörtertraining

1 Was gibt es in der Stadt? Ergänze.

Es gibt einen B ______, P ______, S ______, S ______

Es gibt eine E ______, B ______, A ______, S ______

Es gibt ein R ______, C ______, K ______, T ______

2 Was fragen die Touristen? Ergänze die Fragen.

Wo kann man ______?

Wo gibt es ______?

Wo liegt ______?

Kann man ______?

3 Lies das Gespräch und ergänze es.

Tschüs • um • bis • Servus • Wir • neben • in • wo

- ______, Tobias. Hier Markus.
- Hi, Markus!
- Tobias, ______ treffen wir uns heute Abend?
- ______ treffen uns vor der Disco. Du weißt, wo sie liegt?
- Klar, ______ der Parkstraße, ______ dem Parkhaus.
- Genau! Also … dann ______ heute Abend!
- Moment mal, Tobias, ______ wie viel Uhr treffen wir uns?
- Um 20.00 Uhr!
- Ciao, Tobias!
- ______!

Lektion 9 ALLTÄGLICHES

A 1 Was macht man hier? Ordne zu und bilde Sätze.

1. d der Musikraum	a. Sport treiben	Im Musikraum machen wir Musik.
2. ___ die Bibliothek	b. einen Kaffee trinken	
3. ___ der Computerraum	c. Pause machen	
4. ___ die Turnhalle	d. Musik machen	
5. ___ die Cafeteria	e. zu Mittag essen	
6. ___ die Schwimmhalle	f. schwimmen	
7. ___ der Schulhof	g. im Internet surfen	
8. ___ die Mensa	h. Bücher lesen	

2 Welche Fächer sind das?

1. ___
2. ___
3. ___
4. ___
5. ___
6. ___
7. ___
8. ___

3 Welche Fächer sind das? Ordne die Buchstaben.

1. DESOZIALKUN ___
2. IONGRELI ___
3. CHGETESCHI ___
4. ENSCHGLI ___
5. PSIHYK ___
6. IEBOGIOL ___

4 Dein Stundenplan. Ergänze.

	Montag	Dienstag	Mittwoch	Donnerstag	Freitag
1.					
2.					
3.					
4.					
5.					
6.					
7.					
8.					

5 Welche Wochentage sind das?

Sa = ______ Do = ______ So = ______ Di = ______

Mo = ______ Fr = ______ Mi = ______

6 Wie heißen die Wochentage?

1. Nach dem Dienstag kommt der ______
2. Nach dem Sonntag kommt der ______
3. Vor dem Montag kommt der ______
4. Vor dem Mittwoch kommt der ______
5. Nach dem Freitag kommt der ______
6. Vor dem Freitag kommt der ______
7. Nach dem Donnerstag kommt der ______

7 *Am* oder *um*? *Stunde* oder *Uhr*? Ergänze.

1. ● Wann hast du Pause?
   ○ ______ 9.50 ______
2. ● Wie viele ______ hast du heute?
   ○ Sechs.
3. ● Was hast du ______ Montag?
   ○ Zwei ______ Mathe, eine ______ Deutsch.
4. ● Ich habe eine ______ frei.
   ○ Super, dann gehen wir in die Bibliothek.

8 Interviews. Hör zu und ergänze die Informationen. > HÖREN ▶ 24

Er heißt ______. Er ist ______ Jahre alt.	Sie heißt ______. Sie ist ______ Jahre alt.
Er besucht die Klasse ______	Sie besucht die Klasse ______
Die Schule heißt ______	Die Schule heißt ______
Der Unterricht beginnt um ______ Uhr.	Der Unterricht beginnt um ______ Uhr.
Der Unterricht ist um ______ Uhr zu Ende.	Der Unterricht ist um ______ Uhr zu Ende.
Sein Lieblingsfach ist ______	Ihr Lieblingsfach ist ______
Er findet, ______ macht keinen Spaß.	Sie findet, ______ macht keinen Spaß.

9 Welche Fächer mag Tobias (nicht)? Hör zu und kreuze an. > HÖREN ▶ 25

	👍	👎
Biologie	☐	☐
Geschichte	☐	☐
Latein	☐	☐

	👍	👎
Sport	☐	☐
Mathe	☐	☐
Englisch	☐	☐

B 10 Was gehört wohin? Ordne zu.

Obst • Käse • Wein • Wurst • Gemüse • Salat • Fleisch • Fisch • Milch • Butter • Brot • Reis

der	die	das

11 Wie heißt das in deiner Muttersprache?

das Gemüse		die Milch		das Brot	
die Kartoffeln		der Salat		die Eier	
die Wurst		der Fisch		der Reis	
der Käse		das Fleisch		das Obst	

12 Das mag ich. Das mag ich nicht! Bilde Sätze.

 *Ich mag*

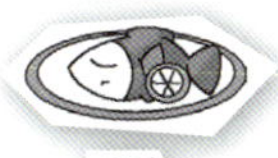

 *Ich mag aber keinen*

13 Schreib Beispiele.

1. Was isst man kalt?

2. Was isst man warm?

3. Was ist süß?

4. Was ist sauer?

5. Was ist flüssig?

14 Buchstabenschlange. Finde 7 Wörter.

MNUCORNFLAKESCFTRESCHWARZBROTCFDREREISXDERTEEHZTRMILCHFREPSPAGHETTIGTRESALATPOIUJOGHURTBRE

15 Was passt zusammen? Ordne zu.

1. ___ Was nimmst du?
2. ___ Ein Käsebrot?
3. ___ Was trinkst du?
4. ___ Was isst du in der Pause?
5. ___ Magst du Fisch?
6. ___ Einen Pudding?

a. Ich esse einen Schokoriegel.
b. Einen Hamburger, bitte.
c. Nein, nicht so sehr.
d. Lieber ein Eis, danke.
e. Nichts, ich habe keinen Durst.
f. Nein, danke, ich habe keinen Hunger.

16 Welches Wort passt nicht? Markiere.

1. ___ Käse ___ Wurst ___ Fleisch ___ Schinken
2. ___ Pizza ___ Schokopudding ___ Käsebrot ___ Hamburger
3. ___ Milch ___ Eier ___ Fleisch ___ Käse
4. ___ Obst ___ Salat ___ Gemüse ___ Schinken
5. ___ Butter ___ Milch ___ Joghurt ___ Fisch
6. ___ Hamburger ___ Schinkenbrot ___ Apfelkuchen ___ Wurstbrot

17 Ergänze.

1. • Nimmst du *einen* Schokopudding?
   • Nein, ich mag *keinen* Pudding.
2. • Nimmst du ___ Käsebrot?
   • Nein, ich mag ___ Käsebrot.
3. • Nimmst du ___ Frikadelle?
   • Nein, ich mag ___ Frikadelle.
4. • Nimmst du ___ Salat?
   • Nein, ich mag ___ Salat.
5. • Nimmst du ___ Kuchen?
   • Nein, ich mag ___ Kuchen.
6. • Trinkst du ___ Kakao?
   • Nein, ich mag ___ Kakao.
7. • Trinkst du ___ Cola?
   • Nein, ich mag ___ Cola.

Was isst du?
Was trinkst du?

18 *Nicht, kein-* oder *nichts*? Ergänze.

1. • Möchtest du ein Schinkenbrot?
   • Nein, danke, ______ Schinkenbrot.
2. • Magst du Fisch?
   • Nein, ich mag ______ Fisch.
3. • Magst du Käse?
   • Nein, Käse mag ich ______
4. • Was isst du?
   • Ich esse ______, ich habe ______ Hunger.
5. • Na, wie schmeckt die Suppe?
   • ______ besonders gut.
6. • Möchtest du Kaffee oder Tee?
   • Danke, ich trinke im Moment ______

19 Bilde Minidialoge.

der Fisch / der Fleisch

• Warum isst du keinen Fisch?

• Fisch mag ich überhaupt nicht. Ich esse lieber Fleisch.

die Pizza / die Nudeln

•

•

der Reis / die Kartoffeln

•

•

die Zwiebelsuppe / die Gemüsesuppe

•

•

die Wurst / der Käse

•

•

der Apfelkuchen / der Schokopudding

•

•

20 Ergänze die Tabelle.

	essen	nehmen	mögen
ich	esse		
du			
er, sie, es		nimmt	mag
wir			
ihr			mögt
sie / Sie			

21 Die Verben: ***essen***, ***mögen*** oder ***nehmen***? Ergänze.

1. Zum Frühstück ________ ich ein Croissant.
2. Was ________ wir? Eine Bratwurst oder einen Hamburger?
3. Ich habe keinen Hunger. Ich ________ nichts.
4. ________ du Käse? Ja, Käse ________ ich sehr.
5. Fisch?? Nein, danke, wir ________ keinen Fisch.
6. Ich ________ einen Saft und Max ________ eine Cola.
7. • Was ________ du in der Pause?
   • Ich ________ einen Schokoriegel.
8. • ________ du ein Schinkenbrot?
   • Nein, lieber ein Käsebrot.

22 Hör zu und ergänze die Tabelle. > HÖREN ▶ 26

	Situation 1	Situation 2	Situation 3	Situation 4
Name				
Was zum Mittagessen?				
☺ oder ☹ ?				

C 23 Wie sagt man das in deiner Muttersprache?

1. der Blumenladen
2. das Schuhgeschäft
3. die Apotheke
4. die Metzgerei
5. die Konditorei
6. die Drogerie
7. die Bäckerei
8. der Supermarkt
9. die Eisdiele
10. das Modegeschäft

24 Wo kauft man das? Ordne zu.

Brot • Fleisch • Medikamente • Äpfel • Rosen • Schinken • Kartoffeln • Aspirin • Duschgel • Croissants • Tomaten • Wurst • Salat • Kuchen • Shampoo

Bäckerei:

Apotheke:

Drogerie:

Gemüsegeschäft:

Metzgerei:

Blumenladen:

25 Antworte.

1. Wo kauft Frau Specht Brot?
2. Wo kauft Frau Specht Wurst?
3. Wo kauft Frau Specht Obst?
4. Wo kauft Frau Specht Gemüse?
5. Wo kauft Frau Specht Shampoo?
6. Wo kauft Frau Specht Käse?

C 26 Bilde Fragen wie im Beispiel.

1. Brot • Bäckerei / Supermarkt — *Wo kaufst du Brot? In der Bäckerei oder im Supermarkt?*
2. Kuchen • Bäckerei / Konditorei
3. Wurst • Metzgerei / Markt
4. Milch • Bioladen / Supermarkt
5. Duschgel • Supermarkt / Drogerie
6. Kleidung • Boutique / Kaufhaus

27 Wohin geht Frau Specht jede Woche? Ergänze.

Frau Specht geht jede Woche:

d___ Bäckerei.	d___ Boutique.	d___ Blumenladen.
d___ Supermarkt.	d___ Bioladen.	d___ Konditorei.
d___ Markt.	d___ Apotheke.	

28 Bilde Sätze.

Peter	gehe	in	den	Supermarkt.	Er	brauchen	Salat.
Ich	geht		die	Blumenladen.	Ich	brauche	Brot.
Wir	gehen		das	Bäckerei.	Sie	braucht	Kuchen.
Meine Mutter				Gemüsegeschäft.	Wir		Aspirin.
Opa und Oma				Apotheke.			Rosen.
				Konditorei.			Äpfel.
				Bioladen.			Fleisch.
				Lebensmittelgeschäft.			Käse.
							Eier.
							Schinken.

Peter geht in die Konditorei. Er braucht Kuchen.

29 Einladungen. Formuliere die Sätze.

1. *Hast du Lust, in die Eisdiele zu gehen?*
2.
3.
4.
5.
6.
7.
8.

30 Ordne zu.

in der Bäckerei • im Supermarkt • in die Konditorei • im Bioladen • ins Restaurant • im Park • in die Buchhandlung • ins Kino • in die Eisdiele • in der Disco • in der Apotheke • ins Kaufhaus

Wo?	Wohin?

31 *Wo* oder *wohin*? Ergänze.

1. ______ kaufst du Obst?
   a. ☐ In den Supermarkt.
   b. ☐ Im Supermarkt.
2. ______ fährt dieser Bus?
   a. ☐ Im Stadtzentrum.
   b. ☐ Ins Stadtzentrum.
3. ______ kann man tanzen?
   a. ☐ In der Disco.
   b. ☐ In die Disco.
4. ______ wohnt Frau Meier?
   a. ☐ In die Kaiserstraße.
   b. ☐ In der Kaiserstraße.
5. ______ gehst du heute Abend?
   a. ☐ Im Konzert.
   b. ☐ Ins Konzert.
6. ______ treffen wir uns?
   a. ☐ Vor dem Kino.
   b. ☐ Vor das Kino.

32 Ergänze.

1. • Wohin geht Frau Specht?
   • ______ Supermarkt.
2. • Wo kauft deine Mutter Obst?
   • ______ Markt.
3. • Wo gibt es hier eine Post?
   • ______ Kaiserstraße.
4. • Wo finde ich Bücher?
   • ______ Buchhandlung.
5. • Wohin geht Frau Meier?
   • ______ Kaufhaus.
6. • Wo kauft Frau Schulz Obst?
   • ______ Bioladen.

33 Bilde Sätze.

1. heute Abend / die Sprachschule / gehen / ich / in

   ______
2. wir / um 20.00 Uhr / sich treffen / das Café / in

   ______
3. Eis / ich / essen / in / die Eisdiele

   ______
4. Frau Stein / der Bioladen / kaufen / in / Obst und Gemüse

   ______
5. finden / Jeans / in / man / das Kaufhaus

   ______
6. gehen / Olga / möchte / das Einkaufszentrum / in

   ______

Wörtertraining

1 Wie viele Wörter kennst du? Ergänze.

1. **-raum**: der
2. **-halle**: die
3. **-geschäft**: das
4. **-laden**: der Bioladen,

2 Wo kaufst du diese Produkte?

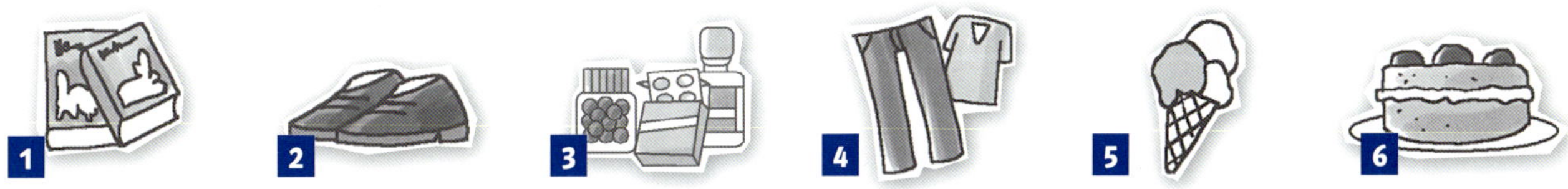

1. Bücher kaufe ich in
2.
3.
4.
5.
6.

3 Ergänze die SMS.

Bis • im • am • um • bis • in • vor • um

Hallo, Hanna! Hast du Lust, ___ Montag ins Kino zu gehen? Ich bin ___ 16.00 Uhr ___ Einkaufszentrum. Wir können uns dort treffen, o. k.? Tschüs, Julia

Hallo, Julia! Gute Idee! Ich habe Lust. Aber ich bin ___ 16.00 Uhr ___ der Schule. Ich kann eine halbe Stunde später, also ___ 16.30 Uhr, ___ dem Kino sein. Geht das? ___ bald! Hanna

4 Schreib eine SMS an deine Freundin / deinen Freund.

Idee: Fußballspiel **Treffpunkt:** Stadion **Zeit:** Nachmittag, 17.00 Uhr

Lektion 10

WIE LÄUFT DEIN TAG AB?

A 1 Wie ist das Verb? Was bedeutet das in deiner Muttersprache?

an- • auf- • zurück- • fern- • zu-

1. ___ ziehen ___
2. ___ sehen ___
3. ___ kommen ___
4. ___ stehen ___
5. ___ rufen ___
6. ___ fangen ___
7. ___ bereiten ___
8. ___ fahren ___

2 Welches Verb passt wohin? Ergänze.

zubereiten • aufstehen • zurückfahren • ankommen • anfangen • fernsehen • anrufen • anziehen

1. Der Zug ___ um 9.35 Uhr ___
2. Ich ___ jeden Tag um 6.10 Uhr ___
3. Der Unterricht ___ um 8.00 Uhr ___
4. Martina ___ ihre Freundin Tina ___
5. Wann ___ wir nach Hause ___ ?
6. Am Nachmittag ___ ich von 17.00 bis 18.00 Uhr ___
7. Meine Mutter ___ das Frühstück ___
8. Ich gehe ins Konzert und ___ ein elegantes Kleid ___

3 Wie spät ist es? Hör zu und kreuze an. > HÖREN ▶ 27

Situation 1	Situation 2	Situation 3	Situation 4	Situation 5	Situation 6
a. ☐ 9.30	a. ☐ 15.10	a. ☐ 11.15	a. ☐ 10.25	a. ☐ 19.30	a. ☐ 7.15
b. ☐ 10.30	b. ☐ 14.50	b. ☐ 11.45	b. ☐ 10.35	b. ☐ 20.30	b. ☐ 6.45

4 Formuliere die Fragen.

1. • Um __________? ◦ Ich stehe um 6.00 Uhr auf.
2. • Was __________? ◦ Nach dem Frühstück fahre ich zur Schule.
3. • Wann __________? ◦ Der Deutschunterricht fängt um 9.00 Uhr an.
4. • Wie viele __________? ◦ Ich bleibe fünf Stunden in der Schule.
5. • Um __________? ◦ Ich komme um 14.00 Uhr zu Hause an.
6. • Wie lange __________? ◦ Ich sehe von 17.00 bis 18.00 Uhr fern.
7. • Um __________? ◦ Ich gehe um 22.00 Uhr ins Bett.

5 Hör zu und schreib die Uhrzeit. > HÖREN ▶ 28

1. Lena steht um _____ Uhr auf.
2. Lea frühstückt um _____ Uhr.
3. Der Bus kommt um _____ Uhr.
4. Um _____ Uhr ist Lea in der Klasse.
5. Der Unterricht fängt um _____ Uhr an.
6. Lea fährt um _____ Uhr nach Hause zurück.
7. Lea ruht sich um _____ Uhr aus.
8. Lea macht um _____ Uhr Hausaufgaben.

6 Der Tagesablauf von Julian. Schreib Sätze.

7.10 Uhr	aufstehen	*Julian steht um 7.10 Uhr auf.*
7.20 Uhr	frühstücken	
7.40 Uhr	zur Schule fahren	
8.00 Uhr	Unterricht, anfangen	
13.10 Uhr	nach Hause zurückfahren	
13.25 Uhr	zu Hause ankommen	
13.30 Uhr	zu Mittag essen	
14.00–15.00 Uhr	fernsehen, sich ausruhen	
15.00–17.00 Uhr	Hausaufgaben machen	
17.10 Uhr	Steffi anrufen	
17.30 Uhr	in die Turnhalle gehen	
19.00 Uhr	zu Abend essen	
20.00–21.30 Uhr	im Internet surfen	
21.45 Uhr	schlafen gehen	

7 Findest du Fehler im Text? Schreib es richtig.

Martins Tag

Martin ist ein ganz normaler deutscher Junge. Er ist 14 und kommt aus Paris. So sieht sein typischer Tag aus: Um 16.00 Uhr steht Martin auf. Um 6.15 Uhr geht er ins Bad. Um 7.00 Uhr isst er ein Brötchen, Müsli und eine Tomatensuppe. Um 7.30 Uhr geht er ins Kino. Um 8.05 Uhr fängt sie an. Er hat heute Mathematik, Deutsch, Geschichte und Englisch. Um 13.10 Uhr ist er mit der Schule fertig und geht nach Hause. Um 14.00 Uhr isst er Spaghetti. Um 15.00 Uhr spielt er mit seinen Freunden Fußball. Um 17.30 Uhr macht er seine Hausaufgaben. Um 18.30 Uhr isst er mit seinen Eltern Brot und trinkt Tee. Um 19.00 Uhr sieht er fern und um 20.30 Uhr surft er noch ein bisschen im Internet. Um 22.00 Uhr geht Martin shoppen.

8 Erzähle deinen Tag.

9 Hilfst du zu Hause beim Haushalt? Kreuze an und erzähle.

	immer	oft	manchmal	nie
das Frühstück zubereiten				
die Betten machen				
abwaschen				
den Tisch decken				
den Tisch abdecken				
Staub saugen				
aufräumen				
einkaufen				

10 Ergänze die Tabelle.

	fernsehen	lesen	abwaschen	zurückkommen
ich		*lese*		
du	*siehst fern*			
er, sie, es		*liest*		
wir				
ihr				
sie, Sie				

11 Wer macht was? Hör zu und kreuze an. > HÖREN ▶ 29

Felix

Jana

	Felix	Jana
1. Er / Sie steht um 6.00 Uhr auf.		
2. Er / Sie verbringt den Vormittag in der Schule.		
3. Er / Sie sieht am Vormittag fern.		
4. Er / Sie fährt um 13.15 Uhr nach Hause zurück.		
5. Er / Sie arbeitet von 14.00 bis 22.00 Uhr.		
6. Er / Sie isst sehr spät zu Abend.		
7. Er / Sie geht spät schlafen.		
8. Er / Sie geht um 21.00 Uhr schlafen.		

12 Bilde Sätze.

1. Mittwoch / die Schule / am / anfangen / 9.00 Uhr / um

2. es / dunkel / im Zimmer / sein / und / das Licht / anmachen / ich

3. Steffi / ihre Freundin / Anja / um / anrufen / 17.00 Uhr

4. deine Mutter / zubereiten / wann / das Abendessen / ?

5. der Zug / in München / ankommen / um 14.59 Uhr / pünktlich

13 Lies den Text und schreib über Marlenas Leben in Lübeck.

Mein Tagesablauf als Au-pair

Hallo! Ich bin Marlena, komme aus Polen und wohne im Moment hier in Lübeck bei Familie Eppstein. Ich bin hier als Au-pair. Ein Au-pair-Mädchen wohnt bei einer Familie, passt auf die Kinder auf und hilft im Haushalt. Dafür bekomme ich Unterkunft und Verpflegung (ich habe mein eigenes Zimmer und esse mit der Gastfamilie) und auch 200 € Taschengeld pro Monat. Ich bin seit März hier in Lübeck und bleibe bis Dezember. Familie Eppstein ist sehr sympathisch. Sie hat zwei Kinder: Mirko (10) und Luis (8).
Wie läuft mein Tag ab? Um 6.30 Uhr wecke ich die Kinder. Wir frühstücken zusammen und dann fahren wir zusammen zur Schule. Wir fahren mit dem Bus, die Haltestelle ist direkt vor der Haustür. Mirko und Luis bleiben bis 15.00 Uhr in der Schule. Inzwischen muss ich die Wohnung aufräumen und manchmal einkaufen gehen. Aber ich habe auch Zeit für mich: So kann ich Deutsch lernen, fernsehen oder einfach lesen. Am Nachmittag hole ich die Kinder von der Schule ab. Abends, um 18.00 Uhr, kommt Frau Eppstein nach Hause. Wir bereiten zusammen das Abendessen zu. Das macht richtig Spaß. Herr Eppstein kommt später, gegen 20.00 Uhr, zurück. Am Wochenende habe ich immer frei. So kann ich mit meiner Freundin Tekla etwas unternehmen: Wir treffen uns in der Stadt, gehen shoppen oder fahren nach Hamburg.

Am Morgen *weckt sie die Kinder und*

Am Vormittag

Am Nachmittag

Am Abend

Am Wochenende

B 14 Wohin möchte Herr Meier fahren? Ergänze.

1. das Kino
2. die Apotheke
3. die Peterskirche
4. der Bahnhof *Zum Bahnhof, bitte!*
5. das Kaufhaus
6. die Sprachschule
7. das Theater
8. der Stadtpark

15 Wie fahren sie zur Schule? Schreib Sätze.

1. Michael / der Bus *Michael fährt mit dem Bus.*
2. Olga / die Straßenbahn
3. Olaf / das Taxi
4. Andrea / die U-Bahn
5. Lukas / das Fahrrad
6. Bianka / das Mofa
7. Stefan / der Zug

16 Mit wem machst du was? Schreib Sätze.

mein Bruder *Mit meinem Bruder spiele ich Tennis.*
meine Schwester
meine Oma
mein Freund
meine Freundin
meine Tante
mein Opa
meine Clique

17 Bilde Sätze wie im Beispiel.

Herr Meier	zu Fuß	Schule
Frau Langer	U-Bahn	Marktplatz
Eva	Auto	Theater
Klaus	Bus	Bahnhof
Mein Bruder	Fahrrad	Supermarkt

Herr Meier fährt mit dem Bus zum Theater.

18 Wie kommen sie zur Schule? Warum? Hör zu und kreuze an. > HÖREN ▶ 30

Wie?	Matthias	Herr Lange	Rita
mit dem Auto			
mit dem Bus			
mit dem Mofa			
zu Fuß			
mit dem Zug			

Warum?	Matthias	Herr Lange	Rita
Es gibt keine Zugverbindung.			
Ich habe kein Fahrrad.			
Ich habe kein Mofa.			
Der Bus ist immer voll.			
Ich fahre gern Auto.			

19 Sebastians Wochenplan. Schreib Sätze.

Montag	Dienstag	Mittwoch	Donnerstag	Freitag	Samstag	Sonntag
Sprachschule	*Kino*	*nach Berlin*	*Schwimmbad*	*Tennisclub*	*Museum*	*zu Hause*

Am Montag geht Sebastian in die Sprachschule.

20 Wie ist dein Wochenplan? Ergänze und erzähle.

Montag	Dienstag	Mittwoch	Donnerstag	Freitag	Samstag	Sonntag

21 ***Zu Hause*** oder ***nach Hause***? Ergänze.

1. Wir sind vier Personen ______

2. Wann kommt Vati ______ zurück?

3. Es ist spät. Ich muss jetzt ______ gehen.

4. Ich bleibe heute Nachmittag ______

5. Um wie viel Uhr kommst du ______ an?

6. Ich esse heute ______

7. Nach der Schule fahren alle Schüler ______

8. Frau Wagner geht nicht ins Büro. Sie arbeitet ______

22 Bilde Sätze.

1. jeden Tag / fahren / ich / mit / Schule / dem Bus / zur

2. am / ins / Herr Schröder / Donnerstag / Fitnessstudio / gehen

3. Herr Schröder / wohin / am / gehen / Freitag / ?

4. der Unterricht / anfangen / um wie viel Uhr / ?

5. fahren / zur / mit / Schule / er / dem Mofa / ?

6. die Wohnung / wann / aufräumen / Herr Schröder / ?

C 23 Was passt zusammen? Ordne zu.

1. Adam und Lukas haben ein Computerspiel …
2. Lukas hat am Sonntag mit Mike …
3. Lenka hat über die Frühlingsmode …
4. Adam ist mit dem Fahrrad gegen den Baum …
5. Sven hat am Wochenende Mathe …
6. Lenka hat italienisch …
7. Lenka und ihre Mutter sind 10 Kilometer …
8. Sven hat die Matheaufgaben an den Lehrer …

a. gemailt.
b. gebloggt.
c. gerast.
d. gekocht.
e. gechattet.
f. gespielt.
g. gelernt.
f. gejoggt.

24 Wie ist das Partizip Perfekt? Verbinde.

1. sehen
2. vergessen
3. verlieren
4. schlafen
5. gehen
6. fahren
7. kochen
8. spielen
9. lernen
10. chatten

a. gechattet
b. vergessen
c. gelernt
d. gespielt
e. geschlafen
f. gekocht
g. gegangen
h. gefahren
i. verloren
j. gesehen

25 Was gehört wohin? Ordne zu.

gesehen • gemailt • gefahren • gebloggt • gekocht • gegangen • gelernt • gejoggt • geschlafen • gerast • gechattet • gespielt

regelmäßige Verben: ge + … + t	**unregelmäßige Verben: ge- … -en**

26 Ergänze die Fragen.

1. Frau Weill, was *haben Sie* am Wochenende gemacht?
2. Thomas, was ______ am Montag gemacht?
3. Lukas? Was ______ am Samstag gemacht?
4. Bianka und Tim, was ______ am Sonntag gemacht?
5. Frau und Herr Stramm, was ______ am Vormittag gemacht?
6. Herr Kranz, was ______ am Freitag gemacht?

27 Antworte wie im Beispiel.

1. Wann machst du die Hausaufgaben? *Ich habe sie schon gemacht.*
2. Wann lernst du die neue Lektion? ______
3. Wann surfst du im Internet? ______
4. Wann kochst du Spaghetti? ______
5. Wann siehst du deinen Freund? ______
6. Wann bloggst du über die Schule? ______

28 Antworte.

1. Hat Lenka über Sommerferien gebloggt? *Nein, sie hat über Frühlingsmode gebloggt.*
2. Ist Lukas mit dem Auto gegen einen Baum gerast? *Nein,* ______
3. Hat Sven an den Lehrer Bioaufgaben gemailt? *Nein,* ______
4. Sind Lenka und ihre Mutter 20 Kilometer gejoggt? *Nein,* ______
5. Hat Lenka griechisch gekocht? *Nein,* ______
6. Hat Adam mit Sven ein Computerspiel gespielt? *Nein,* ______
7. Hat Sven am Wochenende Englisch gelernt? *Nein,* ______

29 Was antworten die Leute?

1. Frau Weill (Mittagessen kochen) — *Ich habe am Wochenende Mittagessen gekocht.*
2. Thomas (Mathe lernen) — *Am Montag habe*
3. Lukas (ein Computerspiel spielen) — *Ich*
4. Bianka und Tim (ins Kino gehen) — *Am Sonntag*
5. Frau und Herr Stramm (3 Kilometer joggen) — *Am Vormittag*
6. Herr Kranz (mit den Schülern mailen) — *Ich*

30 ***Haben*** oder ***sein***? Ergänze.

Tim und Emma _____ gestern ins Kino gegangen. Tim _____ die Kinokarten vergessen. Tim und Emma _____ schnell zurück zu ihm nach Hause gefahren. Die Kinokarten waren da. Tim und Emma _____ den Film „Star Wars" gesehen. Der Film war super! Nur Emma _____ leider ihre die Tasche verloren.

31 Bilde Sätze im Perfekt.

1. Martina / mailen / jeden Tag / Mesut / mit
2. lernen / am Samstag / zwei Stunden / Englisch / ich
3. mit / dem Auto / wir / fahren / gestern / ins Theater
4. ihr / joggen / wie lange / am Wochenende / ?
5. nicht / Hanna / wir / sehen / in der Schule
6. schlafen / Frau Kranz / heute Nacht / nicht / gut

Wörtertraining

1 Welche Definition ist richtig? Kreuze an.

Schönen Feierabend!

Jeder Abend ist ein Fest

Das weißt du bestimmt nicht: Die Deutschen feiern jeden Tag nach der Arbeit eine Party. Na ja, so ganz richtig ist das nicht. Aber die Zeit nach der Arbeit heißt auf Deutsch *Feierabend*. Kurz vor 17.00 oder 18.00 Uhr sagt man zu den Kollegen: „Schönen Feierabend!" Und was machen die Deutschen am Feierabend? Sie treiben Sport, sehen fern, gehen ins Restaurant oder treffen sich mit Freunden.

1. ☐ Der Feierabend ist eine Party mit Kollegen.
2. ☐ Der Feierabend ist die Zeit nach der Arbeit.
3. ☐ Der Feierabend ist ein Hobby.

Und was sagt man in deinem Land?

2 Welche Verben gehören wohin?

lange fernsehen • abwaschen • das Essen zubereiten • Bücher lesen • einen Kaffee trinken • Rad fahren • Freunde treffen • die Wohnung aufräumen • im Supermarkt einkaufen • spät aufstehen • Staub saugen • Betten machen • den Tisch decken

Haushalt	
Freizeit	

3 Antworte im Perfekt.

1

2

3

4

1. Laura, warum bist du so müde?
2. Luca, warum bist du so glücklich?
3. Lea, warum bist du zu spät gekommen?
4. Tim, warum warst du gestern nicht im Kino?

Trackliste

Track	Lektion, Übung	Länge
1	L1, Ü6	00:17
2	L1, Ü12	00:35
3	L1, Ü18	00:20
4	L2, Ü9	00:32
5	L2, Ü11	00:57
6	L2, Ü13	00:43
7	L2, Ü15	00:45
8	L2, Ü22	00:37
9	L3, Ü11	00:37
10	L3, Ü14	00:42
11	L3, Ü22	00:30
12	L4, Ü9	00:27
13	L4, Ü10	00:57
14	L4, Ü23	01:09
15	L5, Ü6	00:48
16	L5, Ü25	00:48
17	L6, Ü8	00:55
18	L6, Ü16	00:51
19	L6, Ü22	00:58
20	L7, Ü9	01:06
21	L7, Ü20	00:43
22	L8, Ü20	01:59
23	L8, Ü26	01:50
24	L9, Ü8	01:41
25	L9, Ü9	00:55
26	L9, Ü22	01:48
27	L10, Ü3	00:41
28	L10, Ü5	01:06
29	L10, Ü11	01:08
30	L10, Ü18	01:34

gesamt 29:15

Tonaufnahmen

Sprecher: Kim Engelhardt, Lucie Glasmeyer, Luzie Marquardt, Stefan Moos, Matthew Popp, Felix Rick, Jenny Ulbricht, David Wurm

Tontechnik: Daniel Keinathv; **Produktion:** Bauer Studios GmbH, Ludwigsburg (internat. Ausgabe);

Bild- und Quellennachweis

Cover Shutterstock (Air Images), New York; **3** Shutterstock (Phovoir), New York; **4.1** iStockphoto (Squaredpixels), Calgary, Alberta; **4.2** Thinkstock (Comstock), München; **4.3** iStockphoto (Linda Kloosterhof), Calgary, Alberta; **4.4** iStockphoto (Vikram Raghuvanshi), Calgary, Alberta; **4.5** iStockphoto (corolanty), Calgary, Alberta; **5.1** Thinkstock (Comstock), München; **5.2** Shutterstock (sylv1rob1), New York; **5.3** Shutterstock (Marcelo Rodriguez), New York; **5.4** Thinkstock (BananaStock), München; **5.5** Shutterstock (Alexander Raths), New York; **5.6** Thinkstock (Jetta Productions), München; **5.7** Shutterstock (Monkey Business Images), New York; **5.8** Shutterstock (sanneberg), New York; **5.9** iStockphoto (andresr), Calgary, Alberta; **5.10** iStockphoto (Juanmonino), Calgary, Alberta; **5.11** iStockphoto (pearlmedia), Calgary, Alberta; **5.12** Thinkstock (Vstock LLC), München; **6.1** Thinkstock (Paffy69), München; **6.1** Thinkstock (karandaev), München; **7.1** Thinkstock (william87), München; **7.2** Shutterstock (Dasha Petrenko), New York; **7.3** Thinkstock (Monkey Business Images Ltd), München; **7.4** Shutterstock (Lisa F. Young), New York; **7.5** Shutterstock (prudkov), New York; **8.1** Shutterstock (prudkov), New York; **8.2** Thinkstock (dolgachov), München; **8.3** Shutterstock (Andy Dean Photography), New York; **9.1** iStockphoto (Wavebreakmedia), Calgary, Alberta; **9.2** Thinkstock (smail çiydem), München; **9.3** Shutterstock (KateStone), New York; **9.4** iStockphoto (SolStock), Calgary, Alberta; **13.1** grundmanngestaltung, Karlsruhe; **13.2** Thinkstock (rvlsoft), München; **13.3** Thinkstock (MonikaBeitlova), München; **14** Thinkstock (lilipom), München; **18** Shutterstock (adriaticfoto), New York; **20.1** Shutterstock (MarKord), New York; **20.2** Shutterstock (Robert Crum), New York; **20.3** iStockphoto (shapecharge), Calgary, Alberta; **20.4** Shutterstock (Dominique Lavoie), New York; **20.5** Shutterstock (sanneberg), New York; **20.6** Shutterstock (Jorg Hackemann), New York; **20.7** Shutterstock (RyFlip), New York; **20.8** Shutterstock (Accord), New York; **22.1** Thinkstock (Hemera Technologies), München; **22.2** Shutterstock (Olena Yakobchuk), New York; **22.3** Shutterstock (Monkey Business Images), New York; **22.4** Shutterstock (Sofia Andreevna), New York; **23.1** grundmanngestaltung, Karlsruhe; **23.2** Shutterstock (bikeriderlondon), New York; **26** Thinkstock (fizkes), München; **30** Shutterstock (pikselstock), New York; **33.1** grundmanngestaltung, Karlsruhe; **33.2** Thinkstock (Jean-philippe WALLET), München; **33.3** Thinkstock (vadimguzhva), München; **33.4** Thinkstock (Kristina Afanasyeva), München; **33.5** Shutterstock (miqu77), New York; **33.6** Thinkstock (rvlsoft), München; **35.1** Thinkstock (moodboard), München; **35.2** Shutterstock (JeniFoto), New York; **35.3** Shutterstock (Jeff Whyte), New York; **35.4** Shutterstock (Andrew Barker), New York; **35.5** Shutterstock (A. Laengauer), New York; **35.6** Shutterstock (Mark52), New York; **35.7** Thinkstock (LG-Photography), München; **36** Thinkstock (leungchopan), München; **37.1** Shutterstock (Max Topchii), New York; **37.2** Thinkstock (Mike Watson Images), München; **37.3** Shutterstock (Fabio Pagani), New York; **37.4** Shutterstock (Image Point Fr), New York; **37.5** Shutterstock (iatlo), New York; **37.6** Shutterstock (MJTH), New York; **38.1** Shutterstock (skvoor), New York; **38.2** Shutterstock (skvoor), New York; **38.3** Shutterstock (skvoor), New York; **38.4** Shutterstock (skvoor), New York; **38.5** Shutterstock (skvoor), New York; **39.1** Shutterstock (auremar), New York; **39.2** Shutterstock (lightwavemedia), New York; **39.3** Shutterstock (DGLimages), New York; **40.1** Thinkstock (sylv1rob1), München; **40.2** Shutterstock (leungchopan), New York; **40.3** Thinkstock (Monsterstock1), München; **40.4** Shutterstock (lightwavemedia), New York; **40.5** Shutterstock (Daniel M Ernst), New York; **40.6** Shutterstock (racorn), New York; **40.7** Thinkstock (sylv1rob1), München; **40.8** Shutterstock (Andresr), New York; **42.1** Shutterstock (morrowlight), New York; **42.2** Shutterstock (Potstock), New York; **43.1** grundmanngestaltung, Karlsruhe; **43.2** Thinkstock (Andreas Rentz), München; **43.3** Thinkstock (Ethan Miller), München; **43.4** Shutterstock (Tomasz Bidermann), New York; **43.5** Shutterstock (racorn), New York; **45.1** Thinkstock (maonakub), München; **45.2** Thinkstock (vladru), München; **45.3** Thinkstock (janscherders), München; **45.4** Thinkstock (popovaphoto), München; **45.5** Thinkstock (popovaphoto), München; **45.6** Thinkstock (selensergen), München; **45.7** Thinkstock (Dmitry Perov), München; **46.1** Thinkstock (Monkey Business Images/Stockbroker), München; **46.2** Thinkstock (Gti861), München; **46.3** Thinkstock (Zoonar/unknown), München; **46.4** Thinkstock (janscherders), München; **46.5** Thinkstock (maonakub), München; **46.6** Thinkstock (showcake), München; **49.1** Thinkstock (WestLight), München; **49.2** Thinkstock (Nongbassbasic), München; **49.3** Thinkstock (maonakub), München; **49.4** Thinkstock (vladru), München; **49.5** Thinkstock (Ozii45), München; **49.6** Thinkstock (Zoonar/unknown), München; **49.7** Thinkstock (James Woodson), München; **49.8** Thinkstock (Jupiterimages), München; **49.9** Thinkstock (Jen Grantham), München; **49.10** Thinkstock (Jupiterimages), München; **49.11** Thinkstock (cwarham), München; **49.12** Thinkstock (Fuse), München; **50** Thinkstock (Christophe Bourloton), München; **51.1** Thinkstock (Kheng ho Toh), München; **51.2** Thinkstock (Tirachard), München; **51.3** Thinkstock (buyit), München; **51.4** Thinkstock (ajafoto), München; **51.5** Thinkstock (tanuha2001), München; **51.6** Thinkstock (Ryan McVay), München; **51.7** Thinkstock (scanrail), München; **51.8** Thinkstock (artphotoclub), München; **51.9** Shutterstock (sylv1rob1), New York; **51.10** Shutterstock (@erics), New York; **52.1** Shutterstock (Aleksandr Markin), New York; **52.2** Shutterstock (FreeProd33), New York; **52.3** Shutterstock (Sabphoto), New York; **52.4** Shutterstock (Luminis), New York; **52.5** Shutterstock (Alan Bailey), New York; **52.6** Shutterstock (alexandre zveiger), New York; **53.1** grundmanngestaltung, Karlsruhe; **53.2** Thinkstock (tanuha2001), München; **53.3** Thinkstock (scanrail), München; **53.4** Thinkstock (Ingram Publishing), München; **53.5** Thinkstock (harmpeti), München; **53.6** Thinkstock (EduLeite), München; **53.7** Thinkstock (Top Photo Corporation), München; **53.8** Thinkstock (rvlsoft), München; **55.1** Shutterstock (RimDream), New York; **55.2** Shutterstock (Arina P Habich), New York; **55.3** Shutterstock (Elena Stepanova), New York; **55.4** Shutterstock (Maria Bobrova), New York; **55.5** Shutterstock (Monkey Business Images), New York; **55.6** Shutterstock (Pavel L Photo and Video), New York; **55.7** Shutterstock (gopixa), New York; **55.8** Shutterstock (Nadino), New York; **55.9** Shutterstock (bikeriderlondon), New York; **56.1** Shutterstock (DGLimages), New York; **56.2** Shutterstock (Alberto Zornetta), New York; **56.3** Shutterstock (Sergey Novikov), New York; **57.1** Shutterstock (MilsiArt), New York; **57.2** Shutterstock (Vangert), New York; **57.3** Shutterstock (cynoclub), New York; **57.4** Shutterstock (Eric Isselee), New York; **57.5** Shutterstock (Photok.dk), New York; **57.6** Shutterstock (gillmar), New York; **57.7** Shutterstock (Eric Isselee), New York; **57.8** Shutterstock (Igor Kovalchuk), New York; **58.1** Shutterstock (Eric Isselee), New York; **58.2** Shutterstock (MilsiArt), New York; **58.3** Shutterstock (Igor Kovalchuk), New York; **58.4** Shutterstock (Photok.dk), New York; **58.5** Shutterstock (Eric Isselee), New York; **58.6** Shutterstock (gillmar), New York; **58.7** Shutterstock (cynoclub), New York; **58.8** Shutterstock (Vangert), New York; **62** Thinkstock (Comstock Images), München; **63.1** grundmanngestaltung, Karlsruhe; **63.2** Thinkstock (Mike Watson Images), München; **63.3** Shutterstock (auremar), New York; **63.4** Thinkstock (nemirkovic), München; **63.5** Thinkstock (Brigitte Riemer), München; **63.6** Thinkstock (Gary Faber), München; **64.1** Shutterstock (ArTono), New York; **64.2** Shutterstock (Uwe Landgraf), New York; **64.3** Thinkstock (Linleo), München; **67.1** Shutterstock (Noppasin), New York; **67.2** Shutterstock (Sergey Peterman), New York; **68.1** Shutterstock (vectorOK), New York; **68.2** Shutterstock (Sirichai Akkarapat), New York; **68.3** Shutterstock (Customdesigner), New York; **68.4** Shutterstock (Room27), New York; **68.5** Shutterstock (Artbox), New York; **68.6** Shutterstock (Photobac), New York; **68.7** Shutterstock (ffolas), New York; **68.8** Shutterstock (Ioan Panaite), New York; **68.9** Shutterstock (Baloncici), New York; **68.10** Shutterstock (sagir), New York; **73.1** grundmanngestaltung, Karlsruhe; **73.2** Thinkstock (Konstantinos Kokkinis), München; **73.3** Thinkstock (Hemera Technologies), München; **73.4** Thinkstock (kvkirillov), München; **73.5** Thinkstock (vicnt), München; **75.1** Shutterstock (Room27), New York; **75.2** Shutterstock (Igor Klimov), New York; **75.3** Thinkstock (iZhenya), München; **75.4** Thinkstock (popovaphoto), München; **82.1** Shutterstock (goodluz), New York; **82.2** Shutterstock (Suzanne Tucker), New York; **82.3** Shutterstock (Luminis), New York; **82.4** Shutterstock (Monkey Business Images), New York; **83.1** grundmanngestaltung, Karlsruhe; **83.2** Shutterstock (Luminis), New York; **83.3** Shutterstock (Edyta Pawlowska), New York; **84.1** Thinkstock (Photodsotiroff), München; **84.2** Thinkstock (Ingram Publishing), München; **84.3** Thinkstock (VikZa), München; **84.4** Thinkstock (ClaudioVentrella), München; **84.5** Thinkstock (Comstock Images), München; **84.6** Thinkstock (Fuse), München; **84.7** Thinkstock (Jupiterimages), München; **84.8** Thinkstock (Louis-Paul St-Onge), München; **86.1** iStockphoto (Shelly Perry), Calgary, Alberta; **86.2** Shutterstock (BestPhotoPlus), New York; **90.1** Shutterstock (Monkey Business Images), New York; **90.2** Shutterstock (Konstantin Chagin), New York; **90.3** Shutterstock (Banana Power), New York; **90.4** Shutterstock (Monkey Business Images), New York; **91** Shutterstock (Ivonne Wierink), New York; **95.1** grundmanngestaltung, Karlsruhe; **95.2** Thinkstock (rvlsoft), München; **98** Shutterstock (auremar), New York; **99.1** Shutterstock (eurobanks), New York; **99.2** Shutterstock (SnowWhiteimages), New York; **100** iStockphoto (Shelly Perry), Calgary, Alberta; **102.1** Shutterstock (Jorg Hackemann), New York; **102.2** Shutterstock (Alberto Zornetta), New York; **102.3** Shutterstock (Max Topchii), New York; **104.1** Thinkstock (Comstock), München; **104.2** iStockphoto (Cindy Singleton), Calgary, Alberta; **104.3** Thinkstock (Jupiterimages), München; **104.4** Shutterstock (Monkey Business Images), New York; **107.1** grundmanngestaltung, Karlsruhe; **107.2** Thinkstock (g-stockstudio), München; **107.3** Thinkstock (erikreis), München; **107.4** Shutterstock (vita khorzhevska), New York; **107.5** iStockphoto (carlosalvarez), Calgary, Alberta; **107.6** iStockphoto (Juanmonino), Calgary, Alberta;